新版 クリスマスローズ

Helleborus

この一冊を読めば
原種、交雑種、栽培などすべてがわかる

Winter

Spring

はじめに

冷たい風の吹く冬に、心へポッと火を灯し

冬から春へ移りゆく時間を彩る、お招きの花 "クリスマスローズ"

どこか奥ゆかしく繊細な和のたたずまい

丹念に生み出された個性的な花は見飽きることのない芸術品

クリスマスローズを輪の中心に語らい 一人でも多くの人が笑顔になれますように

横山直樹

目次

第1章 クリスマスローズの基礎知識
要説と主な品種

第2章 クリスマスローズ探訪記

第3章 クリスマスローズの育て方
苗選びから毎月の栽培ポイントまで

第4章 クリスマスローズQ&A

クリスマスローズの
基礎知識

要説と主な品種

クリスマスローズとは

バラでもない、クリスマスにもほとんど咲かない。だけど、クリスマスローズ。この紛らわしくも素敵な、ふわっとした神秘的な呼び名によってこの花に興味を持ちはじめたという方も多いのではないでしょうか。

クリスマスローズの正式名称（学名）は"ヘレボルスHelleborus"。キンポウゲ科ヘレボルス属の宿根多年草で、クレマチスやアネモネ、ラナンキュラスなどの仲間です。世の中に広まった歴史は古く、紀元前1400年頃には治療薬として使われていたという文献（『世界薬用植物百科事典』誠文堂新光社 刊）があり、薬用植物として扱われていたことがはじまりと書かれています。

日本に伝来され栽培がはじまったのは江戸時代後半とされています。明治17年には衛生局薬用植物園で原種のH.ニゲルやH.フェチダスが導入され、やがて一部の植物好きによって鑑賞用としての栽培が広がったといわれます。地味な花色が多かったことから、いけばなや茶花にも使われるようになり、『原色茶花大辞典』（学習研究社 刊）にもその記載があります。1970年代からは、造園の下草植栽材料として父・横山暁がタネや株を輸入して生産をはじめました。クリスマスローズとして広く普及するようになったのは2000年頃からで、ガーデニングブームの高まりとともに、人気の花となりました。花言葉は"慰め"。このことからもわかるように、冬枯れの季節に健気に花を咲かせる姿は、まさしく人の哀しみを和らげ、

勇気づけ、元気にしてくれる植物です。

クリスマスローズの魅力は、とにかく丈夫で育てやすいこと。植物の生育にはあまり適さない庭の隅や、ベランダでも花を咲かせてくれます。花の少ない時期に咲き、開花期間も3〜4ヵ月ととても長く楽しめます。若干の毒があるため害虫、病気にも強いのが特徴です。また、寒さ、暑さにも強く、北海道から九州まで広い範囲で栽培ができます。より美しく、たくさん花を咲かせるためには多少のコツが必要ですが、地面に植えればほったらかしにしたほうがよく育つこともあり、気軽に挑戦できる植物の一つです。

また、愛好家やマニアの心をつかんで離さないのがバリエーション豊かな花色模様です。自分好みの花を見つけ、収集することもクリスマスローズ栽培の醍醐味。近年は品種改良がより盛んになり、世界でも日本のレベルは群を抜いているといわれています。次々と生み出される花たちを見ているだけでも時を忘れてしまいますが、その出会いは一期一会。ぜひ、お気に入りの一株に出会う楽しみと喜びも味わってください。

多くの園芸品種と出会い、栽培のコツをつかんだら、原点でもある原種に触れるのもおもしろいものです。葉の形や姿、新芽の美しさなど、原種ならではの清楚な趣きを感じて、野生種の魅力にも触れてみてください。多くの品種の原産地であるバルカン半島など東欧の風景や、中国奥地の秘境を想い描くことにもロマンがあります。

花のバリエーション

クリスマスローズは、個々に名前がついている花は少なく、花の色や形で呼ばれていることがほとんど。それは、①花の咲き方、②花弁の形、③花形、④花の模様、⑤色、の組み合わせによって表現される（例：シングル・丸弁・カップ咲き・スポット・ピンク）。

組み合わせによっては何千通りものバリエーションとなり、その色や形が複雑になればなるほど改良が進んだ花といえる。

花の咲き方

シングル（一重咲き）
内側3枚、外側2枚の基本5枚。中心部に蜜腺（※1）があり咲き進むと落ちる。蜜腺は色に関係なく甘味がある。

ダブル（八重咲き）
蜜腺が完全に弁化し、外弁の大きさに近づく。咲き進んでも散り落ちない。花弁の枚数は15〜20枚程度。

セミダブル
5枚の花弁の中心部の蜜腺が筒状に大きくなり弁化（※2）している。甘くないのも判断基準。咲き終わると中心部は散り落ちる。

多弁ダブル
ダブルの進化型で花弁数が40枚以上になり、雄しべ、雌しべが弁化している場合もある花。

セミダブル（アネモネ咲き）
花弁の中心部の蜜腺がかなり弁化している。内弁は外弁の模様と連動していることが多い。中心部の花弁は散り落ちる。

花弁の形

丸弁
花弁先が丸まっており、花弁どうしの重なりも多い。全体として丸く見える。

プロペラ弁
花弁がツイストして風車のように回っているように見える。

剣弁
花弁先がとがっており、星やヒトデのような印象を与え、すっきり見えることが多い。

※1 中心部の襟のような小さな筒の形をした部分。本来の花弁に当たる部分で、ネクタリーともいわれ、甘い。
※2 花弁の性質を徐々に持ちはじめ、進化していくこと。

花形

平咲き
花弁が手を広げたように平面的に開く。横向きに咲くことが多い。

カップ咲き
花弁が何かを抱えるように咲き、開き切らない。多くの花はこの形に属する。

筒咲き（抱え咲き）
花弁がベル型に抱え込み開き切らない。垂れ下がることが多く、有茎種はほぼこの形に属する。

花の模様

フラッシュ
花弁の中心部から1/4～1/3程度、暗色系の色が炎のようにじみ出る模様。

プレーン
まったく模様のない無地で単色の花。

スポット
星空のような斑点が花弁の内側に不規則に入る。

ダークネクタリー
蜜腺（ネクタリー）部分のみが暗色系に色づく。

ブロッチ
スポット（斑点）が多く、花弁の半分以上の面積を占める。また、スポットが部分的にくっついている。

ベイン
花弁の中心部から雷や血管のような網目模様が入る。

ピコティー
花弁のふち部分が色づく覆輪タイプ。極端に細く色づくものを"糸ピコティー"と呼ぶ。

アイ
蜜腺部分と花弁の中心（根元部）が暗色系に色づき、目のように見える。

リバーシブル
花弁の内側と外側の色が違う（例：外側が赤紫、内側が白、など）。

水盤にするとまるで宝石箱！

水あげのやり方はP.113

オーレア・ゴールド系
株の葉緑素が黄色く変化した個体で、明るく見え退色しにくい。ホワイトやアプリコット、ダブルタイプもある。葉も秋に黄色く紅葉する。英国のAshwood Nurseryが発見したのが原点。

バイカラー
花弁が2色のグラデーションになる（例：花弁の中心部が薄めの色で、外側が濃い色、など）。

花の色

ホワイト、ピンク、イエロー、アプリコット、グリーン、グレー、ブラック、パープル、レッド。これらの中間的な色も多く出てきており、表現が難しい場合もあるがおおむね9色くらいに分けられる。

花の構造

一般に"花弁"と呼ばれる部分は、花弁のように見えるが花弁を支え守るための"ガク片"という。葉の一部が変化して色づいたものであるため、咲き進むと本来の葉の色である緑色に戻る性質がある。本来の花弁に当たるものは"蜜腺"と呼ばれ、虫を呼ぶために甘い蜜を出すが、咲き進むと散り落ちる。蜜腺が花弁へと進化するとセミダブル、ダブルとなり、蜜を出す機能もなくなる。さらに近年では、雄しべ、雌しべが花弁へと進化し、多弁ダブルとなっている。

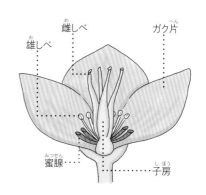

雄しべ
雌しべ
ガク片
蜜腺
子房

株の構造

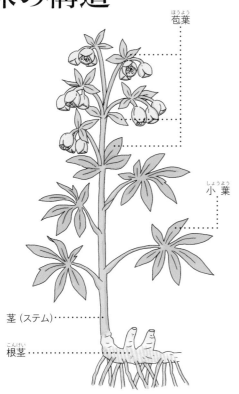

苞葉
小葉
茎(ステム)
根茎

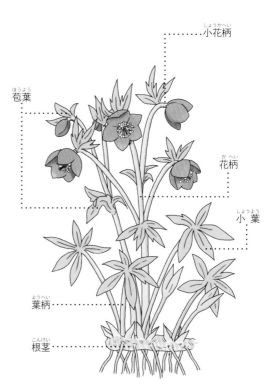

小花柄
苞葉
花柄
小葉
葉柄
根茎

有茎種

茎が立ち上がって葉を展開し、その先端部に花を咲かせる。常緑性だが、開花した茎は枯れて、根元から新たな茎を伸ばす。生育が旺盛で成長が早いが根の量が比較的少なく、寿命が短いため、開花から2〜5年で株を更新することを念頭に入れ、割り切って育てるとよい。

無茎種

見た目には茎がなく、葉と花が株元から別々に展開する。花は、数枚の葉の中心部から上がる花柄に咲き、一番花、二番花と上へ上へと咲く。葉は常緑を保つことが多いが、夏に葉が傷んだり、冬に枯れる場合もある。有茎種に比べて根茎と根の量が多く、生育は比較的ゆるやかだが寿命はかなり長い。

中間種 H.ニゲル、H.ベシカリウスという原種がこのタイプ。有茎、無茎の中間の性質がある。茎と根茎の葉の出方の判断がしにくいが、DNA解析ではどちらとも遠縁と分類される。

原種早見表

種別	学 名	草丈 (cm)	花径 (cm)	花 色	香 り	生育スピード	日照条件	栽培難易度	耐寒性	耐暑性
有茎種	*H. argutifolius* アーグチフォリウス	40〜120	3〜5	黄緑〜緑	独特の青臭い匂い	早	◎	易	△	○
	H. foetidus フェチダス	40〜100	1.5〜2.5	黄緑〜緑	独特の青臭い匂い	早	◎	易	△	△
	H. lividus リヴィダス	30〜40	2〜3	赤紫〜黄緑、緑	なし	早	◎	易	×	△
中間種	*H. niger* ニゲル	20〜40	5〜12	白〜薄いピンク	なし	中	◎	中	△	△
	H. vesicarius ヴェシカリウス	25〜50	5〜12	緑にえび茶の帯が入る	なし	遅	◎	難	×	○
無茎種	*H. abruzzicus* アブルジクス	30〜45	4〜6	黄緑〜緑	やや青臭い匂い	中	●	中	○	△
	H. atrorubens アトロルーベンス	25〜45	2.5〜4	緑〜黒紫	なし（まれに甘い香り）	中	●	中	○	○
	H. bocconei ボッコネイ	20〜40	3〜6	黄緑〜緑	柑橘系のさわやかな香り	中	●	易	○	△
	H. croaticus クロアチクス	20〜40	2.5〜4	薄い緑紫〜黒紫	なし	遅	●	難	○	×
	H. cyclophyllus シクロフィルス	25〜50	4〜6	緑	なし	早	●	易	○	○
	H. dumetorum ドュメトルム	15〜25	2〜4	黄緑〜緑	なし	遅	●	中	○	△
	H. liguricus リグリクス	30〜40	4〜5	黄緑〜緑	柑橘系のさわやかな香り	早	●	易	○	○
	H. multifidus ムルチフィダス	20〜35	4〜5	黄緑〜緑	まれに柑橘系のさわやかな香りがする個体あり	中	●	中	○	△
	H. multifidus subsp.hercegovinus ムルチフィダス・ヘルツェゴヴィヌス	20〜40	3〜5	黄緑〜緑	まれに柑橘系のさわやかな香りがする個体あり	遅	●	難	○	×
	H. occidentalis オキシデンタリス	20〜30	2〜4	緑	なし〜やや青臭い匂い	中	●	易	○	△
	H. odorus オドルス	20〜50	4〜7	黄〜緑	甘いよい香り	早	●	易	○	○
	H. orientalis オリエンタリス	30〜50	4〜7	赤紫、ピンク、白	なし	早	●	易	○	○
	H. purpurascens プルプラセンス	20〜40	5〜7	グレー、紫、淡い緑	なし	中	●	易	○	△
	H. serbicus セルビクス	20〜40	4〜6	緑〜紫	なし	遅	●	難	○	△
	H. viridis ヴィリディス	20〜40	4〜5	緑	なし〜やや青臭い匂い	遅	●	中	○	○
	H. torquatus トルカータス	20〜40	3〜5	黄〜緑〜黒紫	なし	遅	●	難	○	×
	H. thibetanus チベタヌス	30〜40	4〜6	白〜ピンク	なし	遅	●	難	○	×

日照条件：◎（明るい日陰〜半日陰）、●（半日陰〜午前中だけ日が当たる場所）

交配系統図

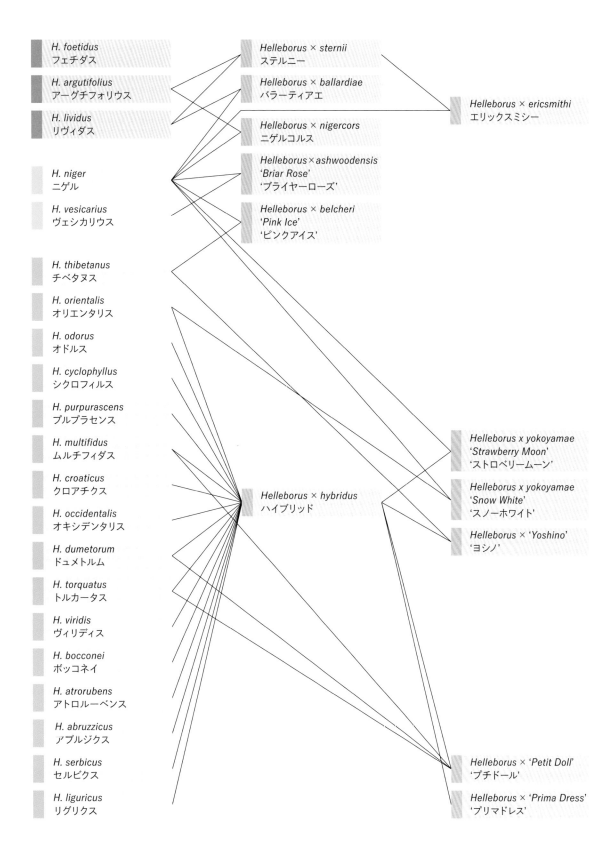

H. foetidus
フェチダス

H. argutifolius
アーグチフォリウス

H. lividus
リヴィダス

H. niger
ニゲル

H. vesicarius
ヴェシカリウス

H. thibetanus
チベタヌス

H. orientalis
オリエンタリス

H. odorus
オドルス

H. cyclophyllus
シクロフィルス

H. purpurascens
プルプラセンス

H. multifidus
ムルチフィダス

H. croaticus
クロアチクス

H. occidentalis
オキシデンタリス

H. dumetorum
ドュメトルム

H. torquatus
トルカータス

H. viridis
ヴィリディス

H. bocconei
ボッコネイ

H. atrorubens
アトロルーベンス

H. abruzzicus
アブルジクス

H. serbicus
セルビクス

H. liguricus
リグリクス

Helleborus × sternii
ステルニー

Helleborus × ballardiae
バラーティアエ

Helleborus × nigercors
ニゲルコルス

Helleborus × ashwoodensis
'Briar Rose'
'ブライヤーローズ'

Helleborus × belcheri
'Pink Ice'
'ピンクアイス'

Helleborus × hybridus
ハイブリッド

Helleborus × ericsmithi
エリックスミシー

Helleborus x yokoyamae
'Strawberry Moon'
'ストロベリームーン'

Helleborus x yokoyamae
'Snow White'
'スノーホワイト'

Helleborus × 'Yoshino'
'ヨシノ'

Helleborus × 'Petit Doll'
'プチドール'

Helleborus × 'Prima Dress'
'プリマドレス'

原種の分布エリアについて

クリスマスローズの原種はヨーロッパに広く自生しています。その多くは地中海沿岸のバルカン半島を中心とする東欧の国々で、南ヨーロッパとエーゲ海の島々には固有種もあります。ヨーロッパ以外ではシリアにH. ヴェシカリウス、トルコとジョージアにH. オリエンタリス、また驚くことに遠く離れて中国の四川省を中心にH. チベタヌスが分布しています。

生育環境はさまざまで、海岸付近から標高2000mを超える山岳地帯まで幅広く分布していますが、四季がはっきりしている地域です。標高の低い温暖な場所では、林縁部や森を切り開いて作られた道路の脇など、半日程度が日陰になる場所に多く見られます。一方、寒冷地、雪が降るような標高の高い地域では荒れ地や牧草地など、樹木が少なく日当たりのよい場所に多く生育しています。いずれの環境も、夏は周囲のさまざまな草や木々がクリスマスローズの葉を覆うように伸び、自然の遮光となっていることが多いようです。また、水はけのよい傾斜地に多く生育しているのも特徴です。

分布エリアの気候は典型的な"地中海性気候"が基本で、夏は暑いが湿度が低く、秋～冬～春は比較的温暖で湿潤（雨が降る）である場合がほとんどです。標高の高い場所では、冬に積もった雪が春まで残り、雪解けの水をクリスマスローズがふんだんに吸収し、雪解け後、一気に花を咲かせます。地中海の島々に自生するH. リヴィダスとH. アーグチフォリウス、トルコの内陸部に自生するH. ヴェシカリウスの生育環境は、他より温暖で乾燥した気候下に生育するので、寒さにやや弱く、夏の湿気がやや苦手です。中国のH. チベタヌスは雪がしっかりと降る極端な寒冷地に多く自生しているため、寒さには強いですが暑さにやや弱い、でも湿度が好きという気難しい種類です。

こうした個々の種類の自生地の環境を知ることは、原種を栽培する際の大きなヒントになりますが、「自生地の環境が全てよいわけではない」ということもお忘れなく。

原種に魅せられて

街中でも多く目にするようになったクリスマスローズ。多く流通し、雑誌やSNSに紹介される花は色鮮やかで華やか、そして育てやすいなど、多くの人に受け入れられる要素がたくさんあります。それに比べ原種は、地味な色合いの花が多く、日本の環境に慣れない個体も多いため成長がゆっくりで、栽培にコツが必要な場合もあります。

それでも父や僕が原種に魅了されてしまうのは、素朴さと繊細さ。園芸品種とは違った新葉の美しさなど、花と同様の感動と喜びがあります。何事も追求すればするほど"原点・ルーツ"を深く知りたいという意欲がこみ上げ、横山園芸の親子それぞれ、自生地に足を運びました。自然環境から栽培のヒントを学び、さまざまな変異から品種改良の可能性を見出したり感動したり。純粋に、自然が創り出した意味のある姿から、クリスマスローズの美しさと本質を感じ学ぶ。そんな不思議な魅力を持つ原種を栽培して味わってみませんか？

中華人民共和国 **U** 日本

イギリス **B** **S**
B ドイツ ポーランド
ベルギー **N** **N** **S**
オーストリア **Q** ハンガリー ウクライナ
フランス スイス **D** スロベニア **Q** **Q** モルドバ
B **N** **B** **D** **S** **D** **K** クロアチア **O** **K** **K** ルーマニア **K** **P** ジョージア
ポルトガル **S** **M** **G** **I** **K** **T** **D** **O** セルビア **O**
スペイン **L** **D** **G** **M** **T** **O** ブルガリア 黒海 **P**
ボスニア・ヘルツェゴビナ **M** **T** **R**
コルシカ島 **A** モンテネグロ **B** **M** **R** **O** **O** **J**
（フランス） **F** **T** マケドニア
B **N** **S** イタリア **O** **M** **J** **J**
マジョルカ島 **A** **H** **J** トルコ
（スペイン）サルデーニャ島 ギリシャ **P**
（イタリア） **H** **E**
シチリア島 **E**
（イタリア）アルバニア シリア
地中海

❀ 2023 年時点

種別	学　名	MAP	本書
有茎種	*H. argutifolius* アーグチフォリウス	**A**	p.20
	H. foetidus フェチダス	**B**	p.21
	H. lividus リヴィダス	**C**	p.22
中間種	*H. niger* ニゲル	**D**	p.24
	H. vesicarius ヴェシカリウス	**E**	p.25
無茎種	*H. abruzzicus* アブルジクス	**F**	p.26
	H. atrorubens アトロルーベンス	**G**	p.27
	H. bocconei ボッコネイ	**H**	p.28
	H. croaticus クロアチクス	**I**	p.29
	H. cyclophyllus シクロフィルス	**J**	p.30

種別	学　名	MAP	本書
無茎種	*H. dumetorum* ドュメトルム	**K**	p.31
	H. liguricus リグリクス	**L**	p.32
	H. multifidus ムルチフィダス	**M**	p.33
	H. occidentalis オキシデンタリス	**N**	p.35
	H. odorus オドルス	**O**	p.36
	H. orientalis オリエンタリス	**P**	p.37
	H. purpurascens プルプラセンス	**Q**	p.38
	H. serbicus セルビクス	**R**	p.39
	H. viridis ヴィリディス	**S**	p.40
	H. torquatus トルカータス	**T**	p.41
	H. thibetanus チベタヌス	**U**	p.42

有茎種の原種 のびのび育って存在感があり、風に揺れる姿が印象的

ヘレボルス アーグチフォリウス

Helleborus argutifolius

葉は常緑でギザギザした形が特徴。カップ咲きで明るい緑色の花を1本の花茎に15〜30輪ほど咲かせる。青臭い匂いがすることが多い。非常に大柄な原種で、地植えでは草丈が1mを超えることがあり、支柱が必要な場合がある。鉢植えでは草丈がコンパクトに収まり、好みの大きさにコントロールすることも可能である。最初の開花から4〜8年ぐらいを寿命と考え、生育が衰え始めたら株を更新するように心がけるとよい。1833年に現在の学名が発表されたが、自生地のコルシカ島にちなんでH.コルシクスと呼ばれていたこともあった。現在はH.アーグチフォリウスで統一されている。

【学名の意味】鋭い鋸歯の葉
【原産地】コルシカ島（フランス）、サルデーニャ島（イタリア）
【草丈】40〜120cm 【花径】3〜5cm 【花色】黄緑〜緑

（上）自生地コルシカ島での様子 （中）自生地でも腰の高さまで伸び伸び育つ （下）庭に植えられ5年くらい経った大株

ヘレボルス フェチダス

Helleborus foetidus

柳のような細長い葉の上に、ベル型の花が鈴なりに咲き、風に揺れる姿がかわいらしく、庭のアクセントになる。花には独特の青臭い匂いがある。日当たりを好み、乾燥には比較的強いが過湿にやや弱いため、水はけの良い用土や場所で育てるように心がける。大柄で特徴的な株姿であるが、根が発達しにくく、寿命は3年ぐらいと考える。クリスマスローズは根に毒成分があるが、H.フェチダスは子房にも毒成分が強く出る個体があるので、かぶれやすい人は注意したい。1753年に記載されたH.ヴィリディスなどとともに古くから知られる原種の一つ。

【学名の意味】悪臭のある
【原産地】イギリス、イタリア、スイス、スペイン、ドイツ、フランスなど
【草丈】40〜100cm　【花径】1.5〜2.5cm
【花色】黄緑〜緑 ※花弁のふちが赤紫色になり、リップのような模様が入る個体もある

（上）庭に植えられた4、5年の大株（中）イタリアで見つけた、花のふちにリップのある個体（下）自生地イタリアでの様子。傾斜のある斜面に生育していたが大株は少なかった

ヘレボルス リヴィダス

Helleborus lividus

赤紫色の茎と、青みを帯びた大理石模様の丸い葉が特徴。コロッとした丸い蕾からカップ咲きの花を咲かせる姿もかわいらしい。全体的にコンパクトにまとまるので場所を取らない。耐寒性が弱いので、地植えにする場合は強い霜が避けられる壁際や庭木の下、半日以上は日が当たる、比較的乾燥する場所が望ましい。開花してから4〜5年を寿命と考え、生育が衰え始めたら株の更新をすると良い。1789年に記載された歴史ある原種だが、一時期、H.アーグチフォリウスの変種として扱われたこともあった。

（上）きれいに整った花形。横向きに咲くことが多い
（下）やや緑色の花を咲かせる個体

【学名の意味】鉛色の、青みがかった灰色の
【原産地】マジョルカ島（スペイン）
【草丈】30〜40cm
【花径】2〜3cm
【花色】赤紫〜黄緑、緑

クリスマスローズの
学名について

　学名とは、全ての生物につけられた名前です。1753年にスウェーデンの博物学者リンネの提案した"二名法"が採用されて以降、新種を記載する際はラテン語で"属名"と"種小名"を列記することになりました。同じ植物でも、和名や英名など、国や地域でさまざまな呼び名がありますが、学名は世界共通の植物学的な名前です。

　クリスマスローズの学名は、一例として属名Helleborus（ヘレボルス）種小名 niger（ニゲル）です。イギリスでは「ニゲル」だけを「クリスマスローズ」と呼ぶことが多く、そのほかは「ヘレボルス」や「レンテンローズ」と呼んでいます（ちなみに「ニゲル」のほかに、「ニガー、ナイガー、ナイジャー」と発音する人もいますが、学名表記が間違っていなければ、呼び方はある程度許容すべきであると思います）。すべての種類を総称で「クリスマスローズ」と呼んでいるのは日本だけのようです。日本に本格的にクリスマスローズが紹介され始めた1990年代は、日本でもまだ「ヘレボルス」と呼んでいました。父などはよく「ヘレボ」と略して呼んでいたのを思い出します。また、当時は「レンテンローズ（キリストの復活祭レンテンの頃に咲くため）」と呼んでいる人もいました。そのほか、日本では茶花としても扱われることもあり、「ハツユキオコシ・初雪起こし」（雪解けと同時に咲くため）、「カンシャクヤク・寒芍薬」（冬に咲く芍薬のような花だから）という和名もつけられました。

　Helleborus（ヘレボルス）の意味は、ギリシャ語の「ヘレイン・helein（＝殺す）」と、「ボルス・bore（＝食べ物）」に由来し、毒があることが想像できます。先ほど触れた「ニゲル」の種小名 niger は「ニグロ・黒い」という意味です。その由来は「根が黒いから」、または「タネが黒いから」命名されたといわれています。学名の由来を知ると、その植物に対する理解が深まるだけでなく、姿や形、色などが連想ゲームのように想像できることもあります。学名が覚えられないという人は、その意味や由来を知ることから始めるとよいかもしれません。ちなみに、ラテン語の名詞には男性・女性・中性の3種類があります。名詞に性区別のない日本人にはなじみにくいですが、一般的に学名の語尾が、男性は「〜us」、女性は「〜a」、中性は「〜um」で終わることが多い程度で、例外を除き区別できます。クリスマスローズのHelleborusは〜usで終わるので男性名詞となります。エレガントな花姿から「冬の貴婦人」と呼ばれることのあるクリスマスローズですが、実は美しい花を咲かせる植物としては少数派の「男性扱い」なのです。学名どおりに愛称をつけるならば、「冬の貴公子・ヘレボルス」が正しいのかもしれません。でも、その呼び名では今日のような人気は出なかったかも!? 男性と決めつけたのはリンネさんなので、タイムマシーンができたらその理由を聞いてみたいと思います。

1554年に「*H.niger*, taken from Mattioli, *Commentarii in libros sex P. Dioscoridis Anazarbei de Medica Materia*」という本に記載されたクリスマスローズとキバナセツブンソウ。当時はエレボロス・ニグルムとベナトルム・ニグルムと呼ばれていた。
「Hellebores」ブライアン・マシュー／著 より

中間種の原種 肉厚でツヤのある葉が 独特の雰囲気を醸し出す

ヘレボルス ニゲル

Helleborus niger

主張性が強い、きれいな真っ白い花を横向きに咲かせる。肉厚で丸みを帯びた葉には独特の光沢がある。タネまきから開花までは比較的早く、成長が早い原種の一つ。肥料を与えて大株に育てると非常に豪華であるが、6〜7年でいきなり枯れることがあるので、タネ採りをしておくとよい。明るい樹林下に多く自生することから、地植えにする場合は水はけのよい半日陰が望ましい。高温多湿の条件に弱いが、年間を通して安定した湿度を好む。

1753年に記載された、古くから知られる原種。ヨーロッパでは教会での供花に使われ、クリスマスカードのモチーフにも使われキリスト教の花の一つである。

【学名の意味】黒色の
【原産地】オーストリア、イタリア、クロアチア、スイス、スロベニア、ドイツなど
【草丈】20〜40cm 【花径】5〜12cm
【花色】白〜薄いピンク ※咲き進むと赤く染まる個体も多い

（上）典型的なH.ニゲルの花（中）スロベニアの山間地にある牧場での様子。夏は牧草に埋もれる（下）スロベニアの標高の低い場所では落葉樹の下でよく見られた

ヘレボルス ヴェシカリウス

Helleborus vesicarius

花が非常に特徴的で、かわいらしいベルのような筒咲きで、側面に帯状にえび茶色の模様が入る。子房が袋状になることからその名がつけられた。夏は暑さと乾燥から身を守るために完全に落葉して休眠する完全休眠型で、ほかの原種にない独特の性質を持つ。発芽後の成長は非常に遅く、1年目の成長は双葉で終わり、開花まで7年ほど要することが多い。乾燥した生育環境に自生することから、葉は肉厚で光沢がありラナンキュラスの原種などに似る。寒さ除け、雨の当たらない軒下などで育てるとよい。

【学名の意味】小胞のある
【原産地】トルコ、シリア
【草丈】25〜50cm
【花径】5〜12cm
【花色】緑 ※えび茶色の帯が入る個体が多い

（上）大株に育った様子。花弁に赤い模様が入る個体もある
（中）雨が直接当たらない壁際に、原種シクラメンと一緒に植えられた様子（下）結実すると風船のように子房が膨らむのが特徴

無茎種の原種 多くのハイブリッドの親となっている、 個性豊かな原種たち

ヘレボルス アブルジクス

Helleborus abruzzicus

葉の切れ込みが非常に多いことが特徴の一つ。同じような原種でH. ムルチフィダス・ヘルツェゴヴィヌスに似ているが、強健で育てやすく、花と株姿も大きい。株が成熟してくると100枚以上の細葉を出し、柳の葉のように見えることがある。花も葉も純粋な緑で、清楚な印象を受ける。

【学名の意味】切形の、アブルッツォ州の
【原産地】イタリア北部
【草丈】30～45cm
【花径】4～6cm
【花色】黄緑～緑

（上）庭に植えられて大株に育ったもの。葉がよく分かれている（下）蕾の段階から非常に特徴的である

ヘレボルス アトロルーベンス

Helleborus atrorubens

これぞ野生種というような渋い薄〜濃い紫色の花を咲かせる。花形は多様だが、多くはカップ咲きで、咲き進むにつれて花弁が反るように平咲きになることが多い。無茎種の中では比較的早い時期に開花する。葉がしっかりと展開すると普通のクリスマスローズだが、新葉は紫色を帯びていることが多く、原種ならではの魅力を持つことが非常に多い。自生地ではさまざまな変異が見られる。温暖な気候下の肥沃な牧草地に自生している地域もあり、原種の中では比較的日本でも育てやすい。

【学名の意味】暗赤色の、濃赤色の
【原産地】クロアチア、スロベニア
【草丈】25〜45cm　【花径】2.5〜4cm
【花色】緑〜黒紫　※バイカラー（複色）になる個体もある

（上）大株に育ちたくさん花をつけ、勢いのある健康的な株。クロアチアにて（中）スロベニアの牧草地で見られた群落では色の変異がうかがえる（下）自生地の様子。森の際などによく生えるが、夏には牧草で覆われる

ヘレボルス ボッコネイ

Helleborus bocconei

柑橘系のさわやかな香りを持つ個体が多いのが一番の魅力。葉は縁がギザギザしていて、細く、分葉していることが多い。比較的温暖な気候下の肥沃な牧草地などに自生しているので耐暑性もあり、生育も早いため、日本でも育てやすい原種の一つである。

1823年に記載され、1877年にH.ヴィリディスの変種とされ、1889年にH.ムルチフィダスの変種とされるなどの紆余曲折を経て、現在は独立種とされている。

【学名の意味】イタリア人植物学者のパオロ・ボッコネ氏にちなむ
【原産地】イタリア、シチリア島（イタリア）
【草丈】20〜40cm
【花径】3〜6cm
【花色】黄緑〜緑

（上）地植えの株。丈夫に育って葉がたくさん出ているが花つきが悪い（下）コロッとした花形にギザギザした苞葉も特徴

ヘレボルス クロアチクス

Helleborus croaticus

花も葉も小柄で丸みを帯び、コンパクトにまとまる草
丈が野草の風情を感じさせる。比較的小輪で花も葉も
薄く、花首に繊毛が生えることが多いのが特徴（H.
アトロルーベンスによく似ているが、この繊毛のある
なしで分けられ、独立種とされている）。山間地の冷
涼な気候下に自生しているため、暑さにやや弱く、夏
には落葉することが多い。成長が遅く、大きな鉢で育て
ると過湿で根腐れを起こしやすいので、18cm以上にな
る場合は株分けしてやや小さめの鉢で管理するとよい。

【学名の意味】クロアチアの
【原産地】クロアチア
【草丈】20〜40cm
【花径】2.5〜4cm
【花色】薄い緑紫〜黒紫 ※バイカラー（複色）となる個体もある

（上）自生地クロアチアで発見した、形や大きさも色もパーフェクトな個体（中）新葉も展開し、タネが熟し始めたところ（下）夏の自生環境。落葉樹の下で、ほかの草も茂って半日陰になっている

有茎種の原種

中間種の原種

無茎種の原種

種間雑種および交雑種

ヘレボルス シクロフィルス

Helleborus cyclophyllus

丸いという名前の由来の通り、花が丸く、しっかりと
横向きに咲く個体が多い。新葉や花柄に繊毛が生える
特徴がある。やや落葉性が強く、葉が傷み残っていな
い状態で秋や冬に開花することが多い。暑さに強く、
成長も早いので園芸品種並みに育てやすいが、ほかの
無茎種に比べて根の量が多いため、鉢植えでは根詰ま
りに注意したい。強健な性質に加え、観賞価値の高い
特徴を持つことから、育種家のヘレン・バラード氏が
黄色系やアプリコット系の花色品種の作出に用いた原
種である。

【学名の意味】円形、丸い（シクロ）、葉（フィルス）
【原産地】アルバニア、ギリシャ、ブルガリア、マケドニアなど
【草丈】25〜50cm
【花径】4〜6cm
【花色】緑

（上）ギリシャに自生する深緑の花で、横向きに咲く個体。
形も整っていて美しい（中）日の当たる場所でも水はけのよい
斜面ではよく育っている個体も見られた（下）落ち葉に埋も
れながら、大株に育った健康的な株。ギリシャの自生地にて

ヘレボルス ドュメトルム

Helleborus dumetorum

クリスマスローズの中で最も小さい花を咲かせ、その数も多いのが一番の特徴。花、葉、苞葉の全てが小さく、そして薄く、花弁のふちは光が当たると透けたように見えるくらいである。新葉や新芽は青みを帯び、グレーに見える個体も多くほかの無茎種の原種とも明らかな違いがある。自生地ではやや湿気の多い場所で見られるため、根が細くて乾燥に弱い。ほかの原種に比べて成長は遅いので、しっかり遮光して涼しい環境を作って気長に育てるとよい。ほとんどの場合、夏の終わりから秋には葉が傷んで落葉し、開花時に古葉が残ることはないので、それが性質（落葉性）と思って驚かないようにする。

【学名の意味】小低木状の、藪が多い場所の
【原産地】オーストリア、クロアチア、スロベニア、ハンガリー、ルーマニアなど
【草丈】15 〜 25cm 【花径】2 〜 4cm
【花色】黄緑〜緑 ※白いふち取りが現れる個体もある

（上）大株に育ち、何十輪も花をつけている株（中）春の花たちとともに咲く様子。すらっと伸びるタイプ（下）ハンガリーの自生環境。湿度のある落葉樹林下に多く見られる

ヘレボルス リグリクス

Helleborus liguricus

柑橘系のさわやかで甘い香りを持つ個体が多く、最も
芳香な原種。株姿は丈夫な交雑種ハイブリッドに似て
いる。葉や花に模様は全くなく、茎まで透きとおるよ
うな緑色で、原種らしい清楚な雰囲気がある。花は比
較的大きく、早咲きで、自生地でも早いものは12月か
ら咲き始める。多くは温暖な海岸沿いに自生している
ので暑さに強く、丈夫で常緑性を保ちやすいので成長
も早い。原種栽培の入門者や交配の親にもおすすめ。

【学名の意味】イタリア・リグーリア地方の
【原産地】イタリア
【草丈】30 〜 40cm
【花径】4 〜 5cm
【花色】黄緑〜緑

（上）雨が降っても香りが感じられた自生株（中）自生地イタ
リアの成育環境。明るい樹林下に生える（下）やや透明感
のある黄緑がかった花が典型的

ヘレボルス ムルチフィダス

Helleborus multifidus
H.multifidus sub.*multifidus*
H.multifidus sub.*istriacus*

葉が数多く分岐する個体が多い。株が成熟するとともに葉の切れ込みが増え、20枚以上に分岐する。花色は基本緑色だが、地域変異の中にはまれにピコティーやベイン、スポットなどの模様が入る個体もある。比較的温暖な沿岸部に自生しているため、耐暑性があり、生育も早く、育てやすい。亜種のH.ムルチフィダス・イストリアクスは、葉の切れ込みはやや少なく、まれに柑橘に似たさわやかな香りがある。

【学名の意味】多数に分裂した（ムルチ）、葉（フィダス）
【原産地】クロアチア、スロベニアなど
【草丈】20 〜 35cm
【花径】4 〜 5cm
【花色】黄緑〜緑

（上）自生地では雪割草とともに花を咲かせる。花は剣弁で緑色のことが多い（中）プリムラ原種などと低木の株元で大株に育つややピコティータイプの個体（下）自然交雑種とも考えられるが、模様の入った珍しい個体

ヘレボルス ムルチフィダス・
ヘルツェゴヴィヌス

Helleborus multifidus subsp.hercegovinus

信じられないくらい葉が無数に分岐する。その姿はまるで柳の葉のようで、個体差はあるが100枚以上の糸状の葉になる。まれに柑橘系の香りを持つ個体がある。標高800〜1200mの高冷地に自生しているため暑さに弱く、日本の気候ではやや育てにくく、開花率も悪いことが多いが葉を楽しむ原種の一つと考えるとよい。秋の早い段階で葉が傷んで落葉するので成長も遅く、上級者向きだが、水はけのよい用土で育て、気長に開花を待ちながら、新葉の美しさを楽しみたい。

【学名の意味】ヘルツェゴヴィナの
【原産地】ボスニア・ヘルツェゴヴィナ
【草丈】20〜40cm
【花径】3〜5cm
【花色】黄緑〜緑

（上）自生地で見つけた大株。勢いよく新葉が伸びてきている
（中）最も葉の切れ込みが多かった株（下）自生地の様子。
石灰岩むき出しの荒れ地に積もった堆積土に生えていた

ヘレボルス オキシデンタリス

Helleborus occidentalis

葉の姿が独特で、ふちには細かい切れ込みがあり、花を抱えるように展開し、地を這うように伸びる傾向がある。やや肉厚な葉で常緑性が強く、原種らしさがあるのに性質が比較的強いので育てやすく、原種栽培の入門者におすすめ。葉、茎、花は緑色で模様や色が全くなく、原種らしい清楚な雰囲気を楽しめる。コンパクトで地味な印象を受けるが、鉢植えにしてもまとまりがよい。

【学名の意味】欧米の、西部の
【原産地】スペイン、ドイツ、フランス、ベルギー
【草丈】20 〜 30cm
【花径】2 〜 4cm
【花色】緑

（上）咲き始めは地を這うように伸びるのが特徴（中）春の咲き終わり頃になると立ち上がってくる（下）自生地イタリアの初夏の様子。ほかの草に埋もれている

ヘレボルス オドルス

Helleborus odorus

1809年に記載されるなど、古くから栽培の歴史がある。無茎種の原種の中で最も大柄かつ強健で育てやすいとされてきたが、その分布域は広く、生育条件も一様ではないことが近年の研究でわかってきた。暖地性の個体は大柄で常緑性が強く、生育も早く育てやすい株が多い。一方、高山性の個体は落葉性が強く、やや小柄で暑さに弱く生育も遅い。栽培難易度は葉の大きさに比例すると考えられる。学名どおり、芳香を持つ株が多い原種（すべての株がよい香りを持つとは限らない）。より虫を惹きつける必要があるため、高山性の株のほうが香りの強い個体が多いようである。

【学名の意味】芳香のある
【原産地】イタリア、スロベニア、ハンガリー、ブルガリア、ボスニア・ヘルツェゴヴィナなど
【草丈】20〜50cm　【花径】4〜7cm
【花色】黄〜緑　※まれにピコティーなどの模様が入る個体もある

（上）ボスニアの自生地の様子で森の入リ口のような林道脇でよく育っていた（中）やや暖かい地域の個体。咲き終わりなのにしっかリと古い葉が残っている（下）自然交雑種とも考えられるが、オーレア系の珍しい個体

ヘレボルス オリエンタリス

Helleborus orientalis
Helleborus orientalis var. *abchasicus*
Helleborus orientalis var. *guttatus*
Helleborus orientalis var. *caucasicus*

無茎種の原種の中でも常緑性が強く、いずれも交雑種並みに強健で生育も早く、これまで栽培されてきた多くの交雑種の親になっている。オリエンタリス系ハイブリッドと長く呼ばれ親しまれてきた経緯はそこにある。1789年に記載された、古くから知られる原種。変種として、赤紫花の H.オリエンタリス・アブチャシクス、クリーム白花にスポットの入るH.オリエンタリス・グッタータス、クリーム〜黄緑色のH.オリエンタリス・コーカシカスがある。これらの模様と色は優性的に遺伝することが多いので、公園などに植えられて、ほったらかしで世代を繰り返すと、この3タイプのどれかが多くなってくるので、その視点で見るとおもしろい。

（上）H.オリエンタリス・コーカシカスと、原種シクラメン、プリムラ、シラーなどと一緒に自生する様子　（中）咲き終わりなのにしっかりと古い葉が残っていて、成長が早そうなのが垣間見れる　（下）典型的なコーカシカスの花色と花形

【学名の意味】東洋の、東部の
【原産地】トルコ、ウクライナ、ジョージア
【草丈】30〜50cm　【花径】4〜7cm
【花色】赤紫、ピンク、白　※スポット模様が入る個体もある

（上）ハンガリーの森の中で腐葉土に埋もれるように自生していた株（中）独特な紫色でメタリックな雰囲気もある（下）雪解けと同時に蕾を上げる様子。一輪目はほぼ地際で咲く

ヘレボルス プルプラセンス

Helleborus purpurascens

グレー、紫、緑が絶妙に混ざりあった独特な花色は、光の加減でくすんだ青色に見えたり、メタリックな質感を醸し出す。葉には繊毛が多く、実生数年は幅広の丸みを帯び、株が成熟してくると分岐した葉が重なるようになり、緑の切れ込みが鋭くなる。開花初期の花は地際で上向きに咲き、気温の上昇とともに花茎が高くなり、花も横向きから下向きになるという独特の動きをするのも特徴。性質は強健で育てやすい。葉は落葉性の性質が強い。1802年に記載された、古くから知られる原種。

【学名の意味】紫色の
【原産地】ウクライナ、ハンガリー、ルーマニアなど
【草丈】20〜40cm 【花径】5〜7cm
【花色】グレー、紫、淡い緑 ※粉を吹いたように見える個体もある

ヘレボルス セルビクス

Helleborus serbicus

全体的に優しく、渋い色合いの印象を受ける。あまり
大柄にならず、花と株姿のバランスがよい。葉も大き
くなり過ぎず、比較的コンパクトにまとまり、よく分
岐する。比較的標高の高い冷涼な環境に自生している
ため、日本では生育がゆるやかになる。
セルビアの山間地の数ヶ所に隔離分布を作る。H.オ
ドルスとH.トルカータスの自然交雑種と考えられる
ようだが、その中間と思わせる形態の個体が多い。

【学名の意味】セルビアの
【原産地】セルビア、モンテネグロ
【草丈】20〜40cm
【花径】4〜6cm
【花色】緑〜紫 ※バイカラー（リバーシブル）となる個体もある

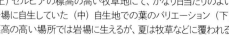

（上）セルビアの標高の高い牧草地にて、かなり日当たりのよい
岩場に自生していた（中）自生地での葉のバリエーション（下）
標高の高い場所では岩場に生えるが、夏は牧草などに覆われる

有茎種の原種

中間種の原種

無茎種の原種

種間雑種および交雑種

ヘレボルス ヴィリディス

Helleborus viridis

名前のとおり、花は鮮やかな緑色の花が咲き、美しく
整った姿の個体が多いので観賞価値は高い。1753年
に記載された、古くから知られる無茎種の原種の一つ
で、薬草として修道院などで栽培されてきた。そのた
め、本来の自生がない場所にも広まった可能性が高い
反面、適応能力が高いともいえる。比較的冷涼な場所
に自生していることが多く、落葉性が強い。丈夫なの
で暖地でも育てることができ、コンパクトな株姿にな
るのも特徴。根が太く、生育旺盛なので、鉢植え栽培
では深鉢で育てるとよい。

【学名の意味】緑色の
【原産地】イタリア、スイス、スペイン、ドイツ、フランスなど
　　　　　※イギリスにも生息するが人為的に持ち込まれたものと考
　　　　　えられる
【草丈】20〜40cm　　【花径】4〜5cm　　【花色】緑

（上）典型的な緑色をした株。花形も美しく整っている（中）
ドイツでは樹林下で湿り気のある場所で群落をなしていた
（下）スイスの山中で見られた見事に枯れた草の中から花を
咲かせる姿

ヘレボルス トルカータス

Helleborus torquatus

地域によってさまざまな花色や花形、模様があり、変異
に富んでいて非常に魅力的な原種ともいえる。分布域の
北寄りには葉が細く、花は小輪の紫色系のピコティー、
ベイン模様が多く、南寄りには花が大きめで緑〜黄色の
バイカラーが多い。現在流通しているピコティーやベイ
ンは、このH.トルカータスを交配親にして改良が進め
られてきた。また、野生の中で2個体のダブルが自生地
で発見され、この原種から八重咲きの歴史が始まった。
冷涼な地域に自生しているため、暑さにやや弱く、落葉
性も強いので生育はゆるやか。あまり大柄にならず、山
野草的な風情がある。栽培はやや難しく上級者向きだが、
多様な花色をコレクションして楽しみたい。

【学名の意味】不明（人の名前か？）
【原産地】ボスニア・ヘルツェゴヴィナ、クロアチア、モンテネグロなど
【草丈】20〜40cm　【花径】3〜5cm
【花色】黄〜緑〜黒紫　※バイカラー（複色、リバーシブル）やベイ
ン模様になる個体もある

（上）ボスニアの自生地の様子。オープ
ンな明るい場所で、枯れ草の中から花
を咲かせる。（中）トルカータスの花の
変異の様子。バイカラータイプ、ベイン
タイプ、などいろいろ（下）モンテネグ
ロで多く見られるバイカラーの自生株

ヘレボルス チベタヌス

Helleborus thibetanus

雪解けと同時に透明感のあるピンク色の花を咲かせ、神秘的かつ魅惑の原種。花弁は繊維質の多い和紙のような質感で、ほかの原種とはひと味違う風情を醸し出し多くの人を魅力する。ヨーロッパから遠く離れた中国の四川省〜甘粛省などの山奥に自生する特別な原種で、1869年にフランス人宣教師のダヴィド神父によって発見された。標高800〜1500mの高冷地に自生するため、暑さに弱く、夏は完全に落葉して休眠状態となるが、乾燥を嫌うので適度な水やりが必要。日本の気候では非常に育てにくく、高山植物として栽培に挑むとよい。

【学名の意味】チベットの
【原産地】中国
【草丈】30〜40cm
【花径】4〜6cm
【花色】白〜ピンク　※バイカラー（複色）やベインになる個体もある

（上）四川省の自生地で見られた非常に大株の個体
（中）自生地の典型的な環境。低木や草が冬枯れした場所に花を咲かせていた（下）初夏の自生地の様子。下草が茂りH.チベタヌスは埋もれて見えない

クリスマスローズの歴史を変えた育種家たち

エリック・スミス (イギリス)

第二次世界大戦直後からクリスマスローズの栽培を始め、1957年には英国王立園芸協会の雑誌にクリスマスローズを紹介している。さまざまな品種を生み出したが、その中でも代表的な種間雑種H.エリックスミシーは彼にちなんで命名された。

ヘインズ・クローゼ (ドイツ)

第二次世界大戦前に作出されたクリスマスローズをドイツ中から探し出し、育種を再開した。後継者のヘレン・バラード氏やジョン・マセイ氏などに育種材料としてクリスマスローズを提供し、多大な影響を与え貢献をした。

ヘレン・バラード (イギリス)

1960年代よりクリスマスローズの収集および育種を始めた。しっかりとした茎、カップ型、丸弁のものを中心に選抜し、現在のクリスマスローズの基礎となる名品を数多く作出した。H.バラーディアエは彼女の功績を称えた代表的な品種。イギリスでは "ヘレボルス・クィーン" と呼ばれ、この人がいたからこそ、今のクリスマスローズがあるといっても過言ではないほど起点ともなる存在。

ジョン・マセイ (イギリス)

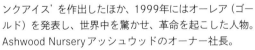

1980年代にさまざまなナーセリーや自生地を訪ねてコレクションを増やし、強健な品種を作出した。1996年にH.チベタヌスとH.ニゲルの交雑を初めて成功させてH.'ピンクアイス'を作出したほか、1999年にはオーレア(ゴールド)を発表し、世界中を驚かせ、革命を起こした人物。Ashwood Nurseryアッシュウッドのオーナー社長。

ギセラ・シュミーマン (ドイツ)

ヘレン・バラード氏の助手としてクリスマスローズの育種を進めた。恩師亡き後、その株をドイツに持ち帰り、強健なレディシリーズを作出した。自生地にも頻繁に足を運び、原種の収集・研究家として活躍し、育種家に素材提供も行っていた。

エリザベス・ストラングマン (イギリス)

1960年代より女性らしい視点での育種、繊細なピコティータイプや、八重咲きタイプが彼女によって初めて作出され、世に出回るようになった。H.ニゲルの素晴らしい個体選抜や種間雑種H.ニゲルコルスなども代表作品。Washfild Nurseryワッシュフィールドのオーナー社長。

ロビン・ホワイト (イギリス)

1970年代にクリスマスローズの育種を始め、'パーティードレス'といわれるダブルハイブリッドの系統は彼の代表作である。その他H.ステルニーの変わり葉などの選抜品種を作出したりと歴史を変えた人物。Blackthorn Nurseryブラックソーンのオーナー社長。

ウィル・マックルーエン (イギリス)

数学者であるが、趣味が高じて1970年代からクリスマスローズ原種の収集にも注力。ヨーロッパ各地のクリスマスローズの自生地をくまなく歩き、次々と原種を世に普及させた第一人者であり研究者で、その功績は非常に大きい。

ブライアン・マシュー (イギリス)

植物学者で初めてクリスマスローズを系統分類した第一人者。1989年、クリスマスローズ史上初の学術書である『Hellebores』を出版。自生地に何度も足を運び、精力的に研究を続けた。生き字引のような豊富な植物知識と、優しい人柄から多くの人に慕われている。Kew植物園所属。

横山暁 (日本)

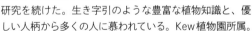

著者の父。1970年代より国内外のクリスマスローズを収集し始め、系統別に増殖して普及に努める。2000年に作出した'バレンタイングリーン'、H.エリックスミシー、'スノーホワイト'は種苗会社ミヨシの培養技術によって、メリクロン苗として全世界に普及している。

横山直樹 (日本)

著者。1990年代後半にAshwood Nurseryにて育種のノウハウを学び、さまざまな遺伝資源を収集。世界初のH.チベタヌス交配'ヨシノ'を英国王立園芸協会にて2010年発表。小輪多花性'プチドール'や、多弁ダブル'プリマドレス'など、父・暁と二人三脚で育種を進めてきた。

種間雑種 および交雑種

人工的に交配され、
自然界には存在しないが
強健な雑種たち

ヘレボルス バラーディアエ

Helleborus × ballardiae

H.ニゲル（母親）とH.リヴィダス（花粉親）の種間
雑種。育種家のヘレン・バラード氏が交配し、1973
年の英国王立園芸協会フラワーショーで展示、発表さ
れた。さまざまなタイプがあるが、葉にはH.リヴィ
ダスから受け継いだ大理石調の葉脈が入り、性質は
H.ニゲルの常緑性を受け継いだ強健な雑種。生育は
早く、初心者にも育てやすい。花色が次第に赤紫に変
化していくのも特徴。

（左）きれいに形の整った丸弁。咲き始めから、ややあず
き色がかっている花が多い（右）H.リヴィダスのように葉
脈に沿って大理石模様が入る（下）作出者ロビン・ホワイ
ト（イギリス）の庭にて大株に育った様子

【学名の意味】作出者のヘレン・バラード氏にちなむ
【作出国】イギリス
【草丈】20 〜 70cm
【花径】3 〜 5cm
【花色】白〜ピンク、赤紫

ヘレボルス ニゲルコルス

Helleborus × nigercors

H.ニゲル（母親）とH.アーグチフォリウス（花粉親）の種間雑種。J・H・ストーク氏が交配に成功し、1931年に英国王立園芸協会フラワーショーで展示、発表されたが、遠縁どうしの交配ゆえにタネがほとんどできないため、一度は途絶えてしまった。1970年代に育種家のロビン・ホワイト氏や、横山暁が再現し復活。その後、メリクロン（成長点培養）で大量に増殖生産されるようになった。花つきが抜群によい。非常に性質が強く、生育も早いので育てやすい。強い日差しが長時間当たる場所でも問題なく育つので、地植えにも向いている。花色はクリーム色から緑に変化していき、水あげもよいので切花としても長く楽しめる。

【学名の意味】H. ニゲルと H. コルシクス（H. アーグチフォリウスの異名）
【作出国】イギリス
【草丈】40 ～ 50cm
【花径】4 ～ 5cm 【花色】白、クリーム

（上）一斉に咲き徐々に緑色に変化（中・下）。㈱ミヨシが培養に成功した『バレンタイングリーン』。全世界に流通した品種（現在は生産中止となっている）

ヘレボルス ステルニー

Helleborus × sternii

H.アーグチフォリウス（母親）とH.リヴィダス（花粉親）の種間雑種。1940年代にフレデリック・スターン伯爵の庭で自然交配によって生まれ、1957年に記載された。H.アーグチフォリウスの茎や葉が赤紫色を帯びたような高性タイプから、H.リヴィダスの葉の縁がギザギザになったような矮性タイプまで形態は幅広い。シルバーがかった緑色の葉には大理石模様が入るなど、葉色も変化に富むのでカラーリーフとして楽しめる。非常に育てやすく、丈夫で生育も早い。近縁種どうしの交配なのでタネも採れ、似たような姿の株が育つ。

【学名の意味】作出者のフレデリック・スターン氏にちなむ
【作出国】イギリス
【草丈】20〜70cm
【花径】3〜5cm
【花色】緑〜薄紫

（上）'シルバー・スター'と名づけられた園芸品種。美しい銀葉に大理石調の葉脈が入る（下）イギリスの庭に植えられた大株。H.アーグチフォリウスに似ている

ヘレボルス エリックスミシー

Helleborus × ericsmithi

H.ニゲル（母親）とH.ステルニー（花粉親）の種間
雑種。エリック・スミス氏とジム・アーチバル氏が共
同経営するナーセリーで1960年代に作出された。遠
縁どうしの交配ゆえにタネがほとんどできないため、
一度は途絶えてしまったが、1990年代に育種家のロ
ビン・ホワイト氏がさまざまなタイプの作出に成功す
る。株姿はH.ニゲルとH.ステルニーの中間で、花茎
はやや横に伸びてから立ち上がる。葉模様も美しく、
変異に富み、カラーリーフとしても楽しめる。花は咲
き進むと赤紫を帯び、水あげもよいので切花としても
長く楽しめる。現在は主にメリクロン（成長点培養）
で増殖生産されている。

【学名の意味】作出者のエリック・スミス氏にちなむ
【作出国】イギリス
【草丈】30 ～ 40cm　【花径】5 ～ 7cm
【花色】白～薄い赤紫（ピンク）

（上）庭に植えられ、豪華に咲き乱れる様子（中）白
～クリーム色で咲き始め、だんだんと赤紫色に変わっ
ていくのも特徴（下）常緑の性質が強く、葉が枯れず
に残ることが多い

有茎種の原種

中間種の原種

無茎種の原種

種間雑種および交雑種

ヘレボルス 'ブライヤーローズ'

Helleborus × ashwoodensis 'Briar Rose'

透明感のある白い花に独特の帯状の模様が入る唯一無
二の魅惑的な品種。H.ニゲル（母親）とH.ヴェシカ
リウス（花粉親）の種間雑種。アッシュウッド・ナー
セリーの育種家ケビン・ベルチャー氏が2001年に交
配を成功させ、2005年に英国王立園芸協会フラワー
ショーで展示、発表された。株姿はH.ニゲルによく
似るが、やや落葉性があり、生育はゆるやか。水はけ
のよい用土を好む。特徴的な花の赤紫の帯状模様は、
えび茶色の模様が入るH.ヴェシカリウスを交配する
ことで出現するが、よい模様の花を得られる確率は低
い。遠縁どうしの交配のため、タネがほとんどできな
い。現在は培養苗が少量流通しているのみだが、絶や
したくない名品。

（上）シクラメン・コームと一緒に庭に植えられた株。水はけの
よい場所を好む（下）花弁にきれいな模様が入る典型的な花

【学名の意味】アッシュウッドで作出された
【作出国】イギリス
【草丈】30〜40cm 【花径】4〜5cm 【花色】白に赤紫の帯状模様が入る

有茎種の原種

中間種の原種

無茎種の原種

種間雑種および交雑種

ヘレボルス'スノーホワイト' 'ストロベリームーン'

Helleborus x yokoyamae 'Snow White'
Helleborus x yokoyamae 'Strawberry Moon'

クリスマスローズの中で最も強健で育てやすい品種といって過言でないこの2種。H.オリエンタリス（母親）とH.ニゲル（花粉親）の種間雑種。横山暁が2001年に交配を成功させ、メリクロン技術の利用で増殖が可能となり、2005年に英国王立園芸協会フラワーショーで展示、発表され流通に乗る。株姿は一般的なH.ハイブリッドの白花に似ている。H.ニゲルの性質を受け継いでいるため、ほかの品種に比べて開花が早く、またタネができない種間雑種のため、何もしなくても次々と花が咲くので開花期間も長く楽しめる。常緑性で非常に性質が強く、生育も早く育てやすい。その色違いの兄弟株'ストロベリームーン'は筆者・横山直樹が2012年に作出、発表した。

（上）筆者・横山直樹が作出したヘレボルス'ストロベリームーン'（下）ヘレボルス'スノーホワイト'が地植えで次々と花を咲かせている様子

【学名の意味】作出した横山にちなむ
【作出国】日本　【草丈】40〜50cm
【花径】5〜6cm　【花色】白

49

ヘレボルス 'ピンクアイス'

Helleborus × belcheri 'Pink Ice'

H.ニゲル（母親）とH.チベタヌス（花粉親）の種間
雑種。アッシュウッド・ナーセリーのケビン・ベルチャー
氏が1999年に交配し、2002年に英国王立園芸協会フ
ラワーショーで展示、発表された。葉はH.ニゲルの
性質を受け継いで独特の光沢があるが、成長すると分
岐した葉姿になる。花弁はH.チベタヌス特有の繊維
質の多い和紙のような質感を残し、淡いピンク色をし
ている。やや落葉性があり、初期の生育はゆるやか。
遠縁どうしの交配ゆえにほとんどタネができないため、
同じ交配を繰り返してタネを採るか、株分けでの増殖
となる。結実する確率が低いが、実生で似たような花
姿、株姿の個体を得る確率も低い。

【学名の意味】作出者のケビン・ベルチャー氏にちなむ
【作出国】イギリス
【草丈】30 〜 40cm
【花径】4 〜 5cm
【花色】淡いピンク

（上）庭に植えられた株。水はけのよい場所を好む
（中）透明感に満ちた美しいピンクはまさしく氷細工
のよう（下）株姿はH.ハイブリッドによく似る

ヘレボルス 'ヨシノ'

Helleborus × *'Yoshino'*

繊維質の多い和紙のような質感で、透き通った淡いピンクの花を咲かせ、なんともいえない純粋さと唯一無二の美しさを持つ。スポットの入る個体、花色に濃淡がある個体も作出している。H.ハイブリッド（母親）とH.チベタヌス（花粉親）の種間雑種。筆者・横山直樹が2001年に交配に成功させ、2010年に英国王立園芸協会フラワーショーで展示、発表した。幼株期の生育はゆるやかだが、開花株まで成長すれば常緑性の性質により育てやすくなる。タネがほとんどできないので、株分けおよび同じ交配の実生で増殖をしている。雑種強勢なのか非常に丈夫で育てやすい。大量生産させたいところだが、タネからの再現性が低く増殖しにくいのが唯一の問題点。

（上）花弁が透けて見える姿はまさしく吉野桜のよう（下）スポットの入るタイプ

【学名の意味】吉野桜のような
【作出国】日本
【草丈】40 〜 50cm　【花径】5 〜 6cm
【花色】ピンク〜赤紫　※スポット模様の入る個体もある

ヘレボルス'プチドール'

Helleborus × 'Petit Doll'

小さくかわいらしい小輪の花をたくさん咲かせる、全く新しいタイプの品種群。H.ハイブリッド（母親）とH.デュメトルムなどの原種（花粉親）を中心に作られた交雑種。横山園芸では2001年より交配に取り組み、2010年に英国王立園芸協会フラワーショーで展示、発表し、2012年に日本で商標登録を取得。株姿はコンパクトにまとまり、とにかく花つきがよい。丈夫で育てやすく色幅も広い。幼少期の生育はゆるやかだが、開花し始めると毎年倍々で花数が増えるので、育てていてもおもしろい。落葉性が強く残るため、開花時に古い葉がほとんどなくなるが、花のボリューム感、観賞価値は唯一無二の魅力的な品種。

【作出国】日本（横山園芸）
【草丈】20〜40cm
【花径】2〜4cm
【花色】H.ハイブリッド同様の色幅

（上）実生5、6年生の大株。典型的な株姿の白花（中）右：地植えにした'プチドール'、左：一般的なH.ハイブリッド（下）さらに小さく進化し続けるマイクロプチドール※仮称

'プチドール'の誕生秘話

夢を描き目標を定める

'プチドール'は「日本の美意識にあった花」「日本人好みの整った株姿」「日本の栽培環境に適した大きさ」をまずテーマに掲げてスタートしました。小さな花をたくさん咲かせ、コンパクトにまとまり、狭いスペースでも楽しめる一株が一番の目標でした。海外では大柄で存在感の強いクリスマスローズが求められ、豪華な花が次々と育種されていたので、「これまでにない花と株姿」「かわいらしい」でも「育てやすい」という要素を入れることが夢であり、自分の課題でした。

初期の育成

2001年、H.ハイブリッドを片親に「小輪・多花性・小型・小葉」の性質が最も強いH.デュメトルムを交配しました。播種から開花には3〜4年かかり、株姿と花がおおよそ中間となるF$_1$（第一世代）が生まれました。その中から、株姿の小さな株を選抜し、再びH.デュメトルムと交配し、F$_2$（第二世代）を育成しました。F$_1$に比べると目標に近づく株も現れましたが、まだまだ葉が大きかったり、背が伸びたりと、中途半端で魅力的ではありませんでした。しかし、この時点で形質遺伝の優劣が徐々にわかり始め、残すべき親株の選抜が容易になってきました。

'プチドール'の誕生

F$_2$（第二世代）をさらに目標に近づけるため、F$_2$（第二世代）どうしでお互いの欠点を補うような組み合わせを選び、さまざまな交配を行いました。3年後、そのF$_3$（第三世代）の中から、目標としていた「小輪・多花性・小型・小葉」の性質を持った株が現れ始めました。この時の心境は、自分なりに納得したものができたという"静かな喜び"でした。古くからつき合いのある園芸店や種苗会社の方が、違いを理解し、絶賛してくれた時、初めて"感動、感激"へと変わりました。「命名しよう」と思ったのもその時でした。エレガントなクリスマスローズに対し、これまでにないかわいらしいタイプであることから、小さいお人形のようなイメージで「プチドール」と名づけ、商標登録を取得するに至りました。

これからの'プチドール'

コンパクトにまとまる魅力的な株姿を持ったF$_3$（第三世代）の中から、さらに花色や花形をより美しく洗練させ、バラエティー豊かにするため、特に花色を主眼にF$_3$（第三世代）どうしを交配しました。その結果、F$_4$（第四世代）は花色のバリエーションが豊富になりました。交配を重ねる中で、次第に株姿や性質（丈夫さや生育スピード）のバラつきは少なくなり、計画的な育成ができるようになりました。F$_5$（第五世代）以降は、きれいな色合いのまま、株姿をさらに小さくしたり、ダブル系のタイプを作ったりと、'プチドール'のバリエーションを増やし、進化し続けています。

有茎種の原種

中間種の原種

無茎種の原種

種間雑種および交雑種

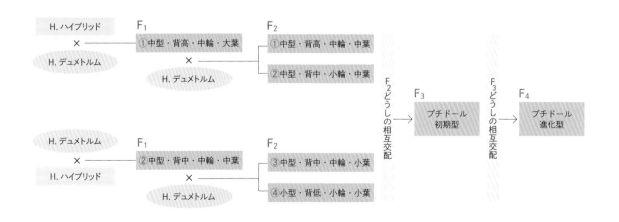

ヘレボルス 'プリマドレス'

Helleborus × *'Prima Dress'*

クリスマスローズ・ハイブリッドの中から突然変異で生まれた、花弁数が非常に多いタイプのダブル。シングルが5枚、ダブルが平均15〜20枚に対して、おおむね40枚以上花弁があるものを多弁系ダブルと呼ぶ。横山園芸では2003年の原点となる個体からスタートして、2017年に日本で商標登録を取得。オペラの主役である「プリマドンナ」と幾重にも重なる「ドレス」のようなという意味を込めて、「プリマドレス」と命名。その意味のごとく、ゴージャスな花はまるでイングリッシュローズやダリアのようにも見え、華やかである。一輪一輪が大きく花弁数が多いので咲かせることに時間とエネルギーを使うため、開花はシーズン後半で、一般的な品種に比べると肥料をやや多めに必要とする傾向がある。

【作出国】日本（横山園芸）　【草丈】30〜50cm
【花径】5〜6cm　【花色】H. ハイブリッド同様の色幅

（上）花弁の形も色も整っていて、きれいな重なりを持つ完璧な花形。花持ちも抜群によい（中）セミとダブルの中間型。雄しべが弁化した場所がわかりおもしろくもあり表情豊か（下）セミダブルの進化型。立体感もあり唐子咲など江戸時代の古典園芸植物にも出てきそう

'プリマドレス' 誕生までの秘話

突然変異を見つけ出し、受け入れ、創造する

　2003年に苗生産を委託していた静岡の生産者から「変な花が咲きました。返すので見てください」と言われた一株から一気に道が開けました。「ナニコレ？」（写真：原点多弁1）と言ってしまうようなお世辞にもきれいとは言えない、形も崩れていて変と言いたくなるような花ですが、この蜜腺の異常な増殖と、雄しべが蜜腺（花弁）へと変化しているのがわかります。同時に横山園芸でも、雄しべが変化して花粉が出ない花（写真：原点多弁2）を発見。おまけに少し花弁の枚数が多い。この2つの株を見た瞬間に、これを元に花弁が異常に多いタイプのクリスマスローズが咲かせられると確信しました。多弁系ダブルH.'プリマドレス'への第一歩でした。

遺伝子を集約して進化発展させる

　とりあえず、まずはセルフ交配でタネを採り、どうなるかを見ました。原点同士の交配をして、よりその変異を強固なものにするためのスタートです。花粉が出にくい場合はメスで葯を切って掻き出したりして、何とかして交配をしました。その子孫の中からできるだけ多弁になる濃縮された遺伝子を作りつつ、花形の整ったものを残していきます。徐々にそれぞれの個性が生かされた、思い描く夢の発展形へと近づけていきます。3世代目くらいからは、形や色のよい他のダブルやセミダブルも使用するようになり、4世代目くらいで選別を繰り返し、かなり完成形に近くなりました。あと何世代かでさまざまな色合いと形の'プリマドレス'系が誕生することは間違いありません。

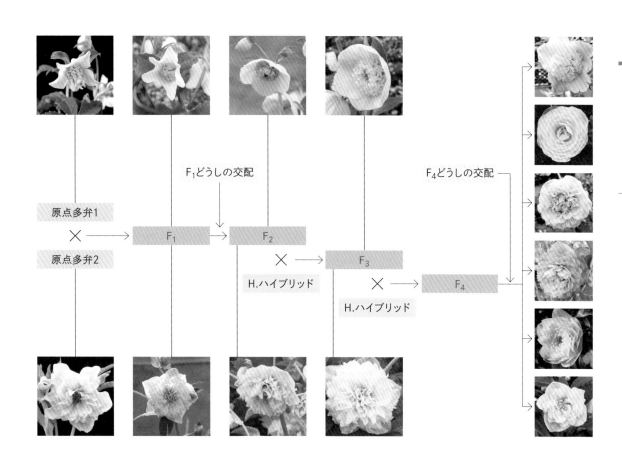

原点多弁1

× ⟶ F₁ ⟶ F₂

原点多弁2

F₁どうしの交配

H.ハイブリッド

× ⟶ F₃

H.ハイブリッド

× ⟶ F₄

F₄どうしの交配

想像を打ち破るクリスマスローズ
花弁枚数の新記録 プリマドレス "ルナソラ"

日本生まれのクリスマスローズで世界記録に挑戦する横山園芸

　どこまで自然界からかけ離れた夢のようなクリスマスローズを咲かせることができるのか!?　それが園芸人としてのあくなき好奇心、探求心かと思います。多弁系の交配を始めて20年近くなり、徐々に自分の想像以上の花が生まれ始めました。比較対象としてわかりやすい花弁数で、前例のない「247枚」という記録を打ち立てました。そもそも数えたことがある人が少ないかと思いますが、誰がこの枚数を予想できたことでしょうか?

　実は、僕自身、クリスマスローズと同じキンポウゲ科の雪割草が大好きで、その育種が大きなヒントと希望を与えてくれたのでした。生産者・育種家に何度も足を運びその手法を伝授していただき、クリスマスローズに落とし込んでいく日々。世代を繰り返すたびに花弁数も増えてきて理想形に近づいたのでした。

　本当に植物の可能性は無限大と感じさせてくれた一輪。プリマドレス "ルナソラ"（月：ルナと太陽：ソーラ）と名づけ、日本発の世界に誇れる花夢と希望を追い続けたロマンの結晶となりました。

プリマドレス "ルナソラ" と名づけた横山園芸作出のクリスマスローズ

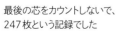

最後の芯をカウントしないで、247枚という記録でした

5枚ずつピンセットで丁寧に外していき、並べていきました

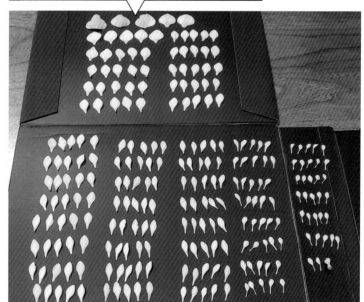

第2章

クリスマスローズ
探訪記

Part.1 バルカン諸国

クリスマスローズの聖地
素朴な美しさを訪ねる旅

北はイギリス、東はシリア、南はギリシャを含む地中海の島々と、クリスマスローズの自生地は紛争地域を含め、ヨーロッパ広域に分布しています。夢は全ての自生地をこの目で確かめて回ることです。そこで、父と僕は、数多くの原種が自生するバルカン諸国を中心に訪問地をしぼり込み、2000年から毎年のように季節を変えたりもして訪ねてきました。その旅において印象深かった場所、見たこと、感じたことを綴ってみたいと思います。

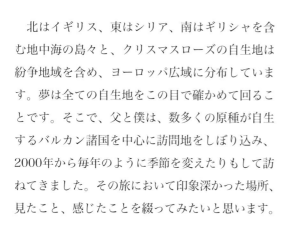

スロベニア
ブレッド湖畔に咲くH.ニゲル

“アルプスの瞳”と称されるスロベニアのブレッド湖は絵画のように美しい湖です。その湖畔には雪解けとともに純白のH.ニゲルが咲き乱れます。訪れた時、その花は落葉樹の下で、フカフカの落ち葉に守られながら、待ち焦がれた春の到来を告げるように咲いていました。周囲にはクロッカス、カタクリ、ヘパチカ、プリムラなども咲き、まさしくスプリング・エフェメラル※のオンパレード！それにしても、H.ニゲルの心洗われるような白色、大きな花を横向きに咲かせる姿の、何と素晴らしいこと……。H.ニゲルの美しさはほかの原種を抜きん出ています。原種そのものの完成度が高く、品種改良の必要性を感じさせないのはH.ニゲルだけと断言できます。聖なる花として“クリスマスローズ”の名がつけられたのも納得です。

育種の観点で語るならば、H.ニゲルはどんな相手とでも種間交配ができる八方美人です。ゆえ

1 ボスニア・ヘルツェゴヴィナの一風景。まだまだ手つかずの自然がたくさん残る　2 H.ニゲルは清楚な純白の花を咲かせるのが基本だが、自生株の中にはほんのりピンクを帯びる個体もある　3 スロベニアの観光地ブレッド湖畔で花を咲かせるH.ニゲル　4 H.ムルチフィダス・ヘルツェゴヴィヌスの繊細で色づいた新葉が出てきている様子　5 H.ムルチフィダス・ヘルツェゴヴィヌスが自生する土地の地主さんたちと交流している様子。気候やクリスマスローズに対する印象などを聞き取りした　6 ブレッド湖そばの樹林下で見つけた、H.ニゲルの大群落

※ スプリング・エフェメラル：雪解けとともに開花する林床多年生植物の総称

7 ボスニア・ヘルツェゴヴィナに自生するH.ムルチフィダス・ヘルツェゴヴィヌス。葉がきれいに展開した大株　8 ボスニア・ヘルツェゴヴィナに自生するH.ムルチフィダス・ヘルツェゴヴィヌス。新葉も展開して、タネができ始め、たわわに実り始めた様子　9 モンテネグロの標高1000m付近に自生するH.トルカータスは黄緑色の花が多かった。岩場や荒れ地でよく見られる　10 モンテネグロの標高600m付近に自生するH.トルカータス。色合いなどに変異が多かった。低木や牧草などに埋もれるように自生している　11 モンテネグロの標高の高い場所に自生するH.トルカータス

にH.ニゲルを片親とした優良品種も数多く生まれています。つまり、H.ニゲルに変異があれば、もっとおもしろい改良へとつながるはずです。ピンク色のH.ニゲルや模様の入っているH.ニゲルは無いものか……。そんな思いを抱きながら、一つずつ丁寧に観察して楽しみました。

ボスニア・ヘルツェゴヴィナ
未開拓地で発見した
H.ムルチフィダス・ヘルツェゴヴィヌス

　電気も届いていないような田舎がヨーロッパにあるなんて……。それがボスニア・ヘルツェゴヴィナを訪れた時の第一印象です。野菜を育て、放牧をし、お天道様とともに生きる姿が、僕の目には

とても崇高に映りました。その地で、H.ムルチフィダスの変種H.ムルチフィダス・ヘルツェゴヴィヌスを発見しました。国境越えをする際に近道をした場所で、偶然、目に飛び込んできたのです。
　葉姿だけで十分に観賞価値のある、不思議な魅力を持つH.ムルチフィダス・ヘルツェゴヴィヌス。自生地のH.ムルチフィダス・ヘルツェゴヴィヌスは、一つひとつの葉が信じられないほど細かく分かれ、まるで糸のように見えました。もちろん、それまでにもイギリスや日本でH.ムルチフィダス・ヘルツェゴヴィヌスを見たことはありましたが、ここまでの迫力、ボリューム、きめ細やかさを持つ葉には出会ったことがありません。決して肥沃な土地ではないのに、とても健康的に育っている姿には力強さを感じました。現地の住人に話を聞くと、日中はカラッとして湿度が低いとの

12 森を切り開いて作った林道脇の斜面など、半日くらい日が当たる場所が成育に適しており、花が多く見られた　13 舗装された道路の道端に自生するH.ムルチフィダス・ヘルツェゴヴィヌス。日本では考えられない、自生地ならではの光景　14 H.ムルチフィダス・ヘルツェゴヴィヌスの自生地。数年に一度は必ず野焼きをする　15 ハンガリーで見つけたH.プルプラセンスの自生環境。スキー場（ゲレンデ）などの切り開かれた場所でよく見られた　16 園芸品種を思わせる、信じられないくらい美しいベイン模様が入ったH.トルカータス

こと。しかし、朝晩に必ず霧が発生し、時には夕方にスコールのような雨が降ることもあるそうです。

　H.ムルチフィダス・ヘルツェゴヴィヌスは日本で育てにくい品種ですので、何か栽培のヒントにつながるものはないかと観察しましたが、この旅で答えを見つけることはできませんでした。日本でタネまきを繰り返すことによって日本の気候に順化させ、育てやすい細い葉のクリスマスローズを作出したいと、心に強く刻みました。

モンテネグロ
中山間地に咲くH.トルカータス

　モンテネグロはバルカン半島中央部のアドリア海に面した自然豊かな場所です。内陸部はセルビアなどと接していて、地域によって気候の差があります。その標高約900m前後の丘陵地に、点々とH.トルカータスの自生地があります。

　H.トルカータスは非常に変異が豊富ゆえ、群落を移動するたびに多様な花が見つかり、まさしく驚きの連続です。原種ファンにとってモンテネグロは何度訪れても飽きることのない、そして、いくら時間があっても足りない場所です。

　イギリス人の育種家エリザベス・ストラングマン女史は、過去にこの地で世界初の八重咲きのH.トルカータスを発見しています。その時のエピソードが実におもしろいのです。「トイレもない場所で私は用を足したくなってしまったの。男性グループと一緒だったので、彼等から離れた場所まで移動して、必死に身をかがめて目立たないようにしゃがんだわ。そうしたら、何と私の目の

前に八重咲きの子がいたのよ!! 信じられる？ きっとこれは女性じゃないと見つからなかった花よ」と、恥ずかしがりながら話してくれたのを思い出します。品種改良に大きな影響を与えてきたH.トルカータスの花の模様と形の多様性を、自然の中で深く感じました。

人間とともに生きるクリスマスローズ

クリスマスローズが開花した後、自生地はどのような環境になっているのだろうか？ それが知りたくて、あえて開花時期をはずして現地を訪ねました。父が開花期の3〜4月に自生地へ出向いて写真とともにGPSデータを記録し、そのデータを元に僕が5〜6月に現地を訪ねる、という連携プレーです。

冬に這いつくばって写真を撮っていた場所も、5月以降は胸の高さまで成長した牧草などで覆われていました。ここにクリスマスローズがあることを知らなければ、単なる牧草地として見過ごしてしまうことでしょう。そう、ここは人間が開拓した牧草地であり、完全な自然ではありません。クリスマスローズは人間とともに生きる植物なのです。

ちなみに、現地の人はクリスマスローズに全くといっていいほど興味がありません。原種のクリスマスローズは牧草地に自生していることが多いのですが、毒があるので牛は食べません。そのため、牧場主の多くがクリスマスローズを"雑草"および"害草"として扱っているのです。こちらが熱心に観察していると「好きなだけ持っていけ」と、気前よく株を掘り始める人にもたくさん出会いました。遥か遠い東の国からやって来た"物好きな植物オタク"と思われているに違いありません。

クリスマスローズは日陰で育つ植物といわれていますが、実際は森が深くなると暗すぎて生育不良になり、花が咲かなくなり、身を潜めるようになってしまいます。しかし、その森を人間が切り開いて道や牧草地にすると、再び生育し始めます。また、現地では牧草が育たなくなると野焼きを行っており、これもクリスマスローズにとっては好都合のようです。野焼きによって地上部は焼かれますが、根は生き残るため、日が差し込み、灰が肥料となった環境でのびのびと生育して、花を咲かせ、繁栄しているのです。

牧草地だけでなく、スキーゲレンデ、城壁の脇でも原種の生息を確認しました。そうした人間の生活圏に近い自然環境がクリスマスローズにとっては心地よいのでしょう。人間とクリスマスローズの親密さ、そして、クリスマスローズのしたたかな生存戦略に改めて感じ入りました。もしかして、僕自身もクリスマスローズが仕掛けた戦略に取り込まれているのでは？ こうして原種の魅力を語り、本を書き、タネをまいていること全てが、クリスマスローズの意のままだとしたら……。そう思うとおもしろくて眠れません。

17 ブレッド湖の城壁の岩場に挟まるようにして自生するH.オドルス　**18** セルビアの牧草地に自生するH.セルビクス。牛は毒成分のあるクリスマスローズを避け、それ以外の草を食べる

幻のクリスマスローズ
"H.チベタヌス"を追って

　僕にとって最も思い入れの強い原種はH.チベタヌスです。クリスマスローズの原種のほとんどはヨーロッパに自生し、改良の歴史も常にヨーロッパが先行してきました。そんな中、このH.チベタヌスは飛び地である中国の山奥、つまり東アジアに自生しているのです。長い地球の歴史の中、どのような経緯でこのような隔離分布をしたのかは未だ不明ですが、それを想像しただけでもとてもロマンを感じます。H.チベタヌスはヨーロッパの原種と性質が大きく異なり、高冷地にのみ自生しているため、非常に育てにくい品種です。夏に完全に落葉するなど、フクジュソウの生育サイクルによく似ています。花弁には和紙のような質感があり、花色はみずみずしく透明感のある美しいピンクで、桜の花びらのようなイメージです。ヨーロッパにはない、唯一無二のものであることは間違いありません。この東アジアのクリスマスローズをぜひとも世界に発信したいという熱い気持ちから、僕は中国へ足を運びました。

　2006年、甘粛省に新たな自生地があるという情報を受けて訪ねました。しかし、現地は非常に乾燥しており、そこに自生していたH.チベタヌスは、図鑑で見るような美しいものではありませんでした。とはいえ、こんなに乾燥している場所

でも生きられることに気づけたのは収穫でした。自生するクリスマスローズは雪解け水の中でしか育たないと思い込んでいたのは間違いだったと、考えを改めることができました。この旅で出会えたピンクの花はたったの一輪。ベストな状態ではありませんでしたが、憧れの花を目の前にして、とてもうれしかったのを覚えています。

　二度目の訪中は2008年。今回は、森和男氏（東アジア野生植物研究会・主幹）に同行をお願いし、H.チベタヌスが初めて発見され、記載された場所である四川省・成都の山奥へと向かいました。四川省は、宣教師であり、プラントハンターおよび博物学者でもあったアルマン・ダヴィド牧師が教会を作った場所です。多くの植物の学名にダヴィディという名前が残っているのは彼の功績です。アルマン・ダヴィド牧師はパンダを世界に広めた一人でもあり、四川省にはパンダの研究・保護施設があり、繁殖などが行われています。2000m級の山の谷合いを四輪駆動車で何とか走り抜けて自生地に辿り着くと、そこには菜の花が咲いていました。この年は雪解けが早かったようで、H.チベタヌスの花はすでに咲き終わっていました。またしても色褪せた緑色のチベタヌスを拝むことになろうとは……。しかし、ここは環境

19 中国・甘粛省のH.チベタヌス。4月上旬、花が咲き終わり、タネができ始めている様子　20 中国・甘粛省のH.チベタヌスの自生環境。沢沿いではあるが、やや乾燥している斜面に生えていた　21 恩師であるアッシュウッド・ナーセリーのジョン・マセイ氏と中国・四川省の山奥にて記念撮影　22 標高2500m級の山々の中腹まで畑が作られている風景。「耕して、天届く」といわれている。人が耕せないほどの場所にH.チベタヌスの自生地がある

23 標高2500m級の山の頂上付近には雪が残っているが、1000m付近では雪解けと同時にH.チベタヌスが咲き始める　24 3月中旬、四川省のH.チベタヌスが満開を迎えている様子　25 アルマン・ダヴィド神父が布教のために建てた教会。ここを拠点に布教と植物調査を行った

がよいのか、株の大きさや葉の伸びやかさは、甘粛省で見たものとは比べものにならないほど元気でした。

　2010年。三度目の正直を願って、再び四川省・成都へ。今回も森和男氏に同行をお願いするとともに、イギリスから僕の恩師であるアッシュウッド・ナーセリーのジョン・マセイ社長、ドイツからヘレン・バラード氏の愛弟子であり研究家のギセラ・シュミーマン氏も加わって、多国籍軍で臨むこととなりました。通訳をする僕の頭の中は、英語、ドイツ語、日本語、たまに混じる中国語でゴチャゴチャでしたが、美しく咲いたクリスマスローズを目の前にすれば言葉なんて不要。まさしく花は世界の共通語であるということを認識するのに時間はかかりませんでした。

　そのクリスマスローズが自生する宝光（パオシン）地区へと車を走らせます。舗装されてない悪路を猛スピードで駆け抜けるため、何度も天井に頭を打ちつけました。揺れを全身で受け止め、車酔いと闘いながら必死に車窓の風景を目に焼きつけ、満開のクリスマスローズを想像してワクワクし続けます。ようやく天主教堂という教会へ到着。前回の訪問ではここから歩いて自生地まで登りましたが、今回は車で直行し、いきなり満開のH.チベタヌスの花畑の中へ。色褪せていない、ばっちりのタイミングです。みんな転げるように車を飛び出し、寝そべるようにH.チベタヌスに寄り添い、夢中でカメラを向けます。戦争ごっこでもしているかのような、実に滑稽な姿です。忙しさに追われ、ここまでじっくりと植物に向き合う時間が少なかったせいか、何だか勝手に涙が出てきました。

　ちなみに、前回は体中の血液が沸騰するほどうれしくて興奮気味でしたが、二度目となると見えてくる景色も違うようです。前回は気づかなかった、アスペラ、カランセ（エビネの仲間）、ブッ

26 夢中に写真を撮っているギセラ・シュミーマン氏　27 現地で見た中で、最も濃いピンクの花を咲かせた株。葉脈に沿って赤いベインも入っていた　28 東アジア野生植物研究会の森和男氏と、H.チベタヌスの自生する土地の地主さんと会談する様子。H.チベタヌスの価値を伝え、環境や保護の話をしている　29 H.チベタヌスと一緒に生えるプリムラ・ムーピエンシス。苔むしていて非常に湿度が高い環境なのがわかる

トレア、プリムラ・ムーピエンシス、そして珍しいエランサス・アルバ（セツブンソウの仲間）の大群落にも目が向きました。雑音も雑念も何もない自然が作り出す無欲な空間……。何時間でもこの場にいたいと思いました。今回は、この場所の地主さんに遭遇しました。残念ながら地主さんはH.チベタヌスに全く興味を持っていませんでしたが、自生環境を聞くことができました。

　H.チベタヌスは岩盤の上に15cmほどの腐葉土が堆積した層に生育していました。根は這いつくばるように横に伸びて張っており、その上にはコケが生えている状態でした。おそらく一年中、湿気があるのでしょう。耳を澄ますと雪解け水が流れている音が聞こえてきました。夏は、クサソテツ、イネ科植物、バラ科植物、アスペラ、ブットレアなどが1〜2mほどの高さまで生い茂り、H.チベタヌスを光から守っているようです。植林された杉林の下にも多く見られましたが、あま

りに暗すぎる場所は嫌いなようです。一番多く見られた場所の標高は1500mほどでしたが、現地の緯度を考慮すると日本では長野や静岡の標高800mくらいの環境のように思えます。一株一株は非常にしっかりしており、花も園芸品種に負けないくらいの大きさで驚きました。僕が見た株で最も素晴らしかった個体は、11本も茎が上がり、62輪も花を咲かせていました。地主さんが植林のために掘り捨てていた株の根を見たところ、本当に健康的な薄茶色で、先端はもちろん真っ白でした。雪解け水が豊富にある、非常によい環境で生育しているからでしょう。

　H.チベタヌスを日本の環境で育てられるようにするには、タネから育て、日本の環境に順化させる必要があります。まだまだ我々のやるべきことはたくさんあると感じつつ、新しいアイディアの発見と心の充電ができた旅でした。

30

Part.3 トルコ

"H.ハイブリッド"の元祖
H.オリエンタリスの自生地へ

31

　かつてクリスマスローズの園芸品種は"オリエンタリス・ハイブリッド"という名前で総称されていました。その理由は、多くの交雑種（H.ハイブリッド）がH.オリエンタリスを親にしているからです。有茎種や中間種のH.ニゲルを除いた無茎種の中で、最も生育の早い原種が、トルコに自生するH.オリエンタリスといっても過言ではありません。また、ほかの無茎種の原種たちは東欧などの標高800m前後の冷涼な場所に自生しているのに対し、H.オリエンタリスは雪が全く降らない温暖な場所から、雪が積もる標高1500mくらいまでの広い範囲に自生しており、気候や温度に対する適応範囲が広いことがわかります。

　3月下旬、僕はその自生地を目指してイスタン

30 トルコの自生環境。H.オリエンタリスと一緒に自生する、プリムラ・ブルガリス、シクラメン・コームやシラーなど　31 トルコに自生するH.オリエンタリスの白花　32 イスタンブールの街並みと有名なブルーモスク　33 標高が低く、雪が降らないような温暖な場所では、開花期にも緑の古い葉が残っている株が多く見られた　34 まるで園芸品種のように形の整った、白花のH.オリエンタリス　35 タネができるまで古い葉が緑色の状態で残っている株　36 あらゆる場所で一緒に生えているスノードロップ

ブールから車を走らせました。最初に見つけた場所では、すでに花が咲き終わっており、早いものはタネ（子房）まで膨らみ始めていました。標高の低い場所では東京よりも開花が早いようです。葉は多少傷んでいるものもありましたが、半分以上残っていることに驚きました。きれいに咲いているH.オリエンタリスが見たい……。その一心で、さらに車を走らせて標高を上げました。そして、雪解けと同時に首をもたげ、花を咲かせている株をついに発見‼ 力強い茎、大きな花は、誰かがここに園芸品種を植えたのではないかと思わせるほど見事でした。葉は雪につぶされてペッタンコになっており、大半は枯れかけていました。

　ちなみに、その株の周辺には、僕の大好きな原種シクラメン・コームをはじめ、シラー、スノー

ドロップ、プリムラ・ブルガリスなども咲いており、まるで秘密の花園に迷い込んだかのような、夢のような場所でした。バルカン半島の自生地に比べ、自然が豊かなのでしょう。そう、ここトルコは球根植物の宝庫でもあるのです。わずか数時間、車を走らせただけでこんなにも環境が違うものかと感じつつ、気がつけばほかの植物たちに夢中になっている自分がいました。

Part.4 ドイツ

H.ヴィリディス‘ギセラ’が自生する森での想い出

ドイツ北部の古い都市ケルンに、ギセラ・シュミーマン氏を訪ねました。彼女はクリスマスローズ育種の第一人者であるヘレン・バラード氏の愛弟子です。ヘレン・バラード氏が育種したものを維持する傍ら、原種にも特別な想いを寄せており、ほとんどの自生地を訪ね、その多くを庭で栽培し、研究を重ねていました。

彼女のコレクションにはクリスマスローズに対する情熱と愛情が感じら

れます。それらを端から目を凝らして見ていくと、形や模様、香りのある個体など、同じ種類の中でも地域変異があることに大変驚き、改めて原種の奥深さを知りました。何時間も見入っている僕に「あなたを特別な場所に連れてってあげるわ」と、牧場の脇にある森を数百m入った場所へ案内してくれました。そこは谷のようになって湿っており、緑色のクリスマスローズがあちこちに生えていました。雪が解けたばかりの時期で、その多くはまだ蕾でしたが、原種であることはわかりまし

た。「ここは完全な野生ではなく、17〜18世紀に建てられた修道院の周りに植えられ、修道士たちが薬用として増やしていた」との記述が、地域の歴史書にあるそうです。今では修道院の跡もなく、すっかり自然に近い環境の中で生き残っています。

その原種はH.ヴィリディスであろう、というのが彼女の見解でしたが、H.オキシデンタリスではないかという研究者もいます。実際に栽培してみると、どちらともつかず、ちょうど中間の姿形をしています。古く持ち込まれたものが環境によって選抜を重ね、強いものが生き残ったのでしょう。実際、それがどこから持ち込まれたのかまでは先の歴史書には書かれていないのです。

2014年、彼女は惜しくも研究の道半ばで亡くなってしまいました。彼女は生前、その原種をクリスマスプレゼントに送ってきてくれました。僕は今、その株からタネを採り、彼女にちなんでH.ヴィリディス‘ギセラ’と呼んで栽培しています。

37 ドイツ・ケルンの自生地を案内してくださるギセラ・シュミーマン氏と　38 H. ヴィリディスの自生環境。樹林下で湿度が高い場所であった
39 積もった落ち葉の中から芽をのぞかせるH. ヴィリディス　40 ヘレン・バラード氏が1980年代に作った名品 'Ushba' ウシュバ　41 ヘレン・
バラード氏が1980年代に作った名品 'Garnet' ガーネット　42 ギセラ・シュミーマン氏の自宅と庭園。多くのクリスマスローズの原種や師
匠ヘレン・バラード氏の名品が残されていた　43 ギセラ・シュミーマン氏の圃場。ここでは主に人工交配した株のタネをまいて増殖している

ドイツの道ばたに咲くH.ヴィリディス。森を切り開いた場所などが適度に日が当たりよい環境であることがわかる

自生地で見かけた
クリスマスローズの情景

　東欧を旅する時は、街中で行われる朝市に必ず立ち寄ることにしています。そのマーケットでクリスマスローズに出くわすことがあります。ほとんどはH. ニゲルの切花です。実にシンプルに束ねられ、ほかの派手な花たちに比べると、どこか上品で落ち着きがあります。教会や墓地に供えるための花として売っているのでしょうか？ ヨーロッパでは、H. ニゲルはイエス・キリストが誕生した時に捧げられた花とされています。キリスト教文化に深く根づいた花なのです。そもそもクリスマスローズという呼び名もH. ニゲルだけのもの。あらゆる品種をクリスマスローズと呼ぶのは日本だけです。

　マーケットでは、H. ニゲルのほかにH. ハイブリッドの株が売られているのも見かけました。しかし、そのほとんどが白や赤紫の花で、ひと昔前の品種ばかり。それらが、いかにも「今さっき地面から掘って持ってきました」という感じで、無造作に売られていました。現地ではあまりにも身近に野生のクリスマスローズがあるせいなのでしょうか？ バリエーションよりも実用性を重視した丈夫な株を選んでいるようでした。

街の早朝マーケットでほかの花壇苗と一緒に売られていたクリスマスローズ。地掘りした株をそのまま売っていた

花束になったクリスマスローズ（H. ニゲル）の切花。教会やお墓に飾るために多く売られている

品種改良・育種とは……
新しいタイプのクリスマスローズを夢見て

〜 種間雑種 'ヨシノ' の誕生、巨大と極小のクリスマスローズ !?
　　品種改良の可能性を探る〜

「育種（品種改良）」を一言でいうと、「夢とロマンの自己表現」です。人工的に交配をしてタネを採り、新しい品種を創り出すことが本当の意味ですが、クリスマスローズであればその可能性を最大限引き出し、欠点を補い、野生種・原種から想像できないくらいの花を咲かせることが、育種家としての醍醐味であり、使命だと思っています。誰にでもそのチャンスはありますが、より自分なりの花に改良したいのであれば、人の真似でなく、人の作った品種でなく、野生種を使って原点から積み上げ創り上げていくことがその可能性を広げることにつながります。そこには自分の想いが詰まっていて、ストーリーが生まれ、よりオリジナルな花を咲かせることができると思っています。一例として、'ヨシノ'という品種は100回交配しても成功したタネが採れるのは数粒。その中で"ヨシノらしさ"が出るものは半数以下。タネの段階で成功のよしあしを判断して選抜

するなど、いかに確率が悪いかおわかりいただけるでしょう。しかも株分けでしか増えないために、いまだに高嶺の花となっています。その他、自然界では絶対にできないだろうといわれてきた、遠縁種同士の種間雑種にも世界で初めて成功させるなど、農場内でできる地道な改良を進めてきました。"石の上にも3年"といわれますが、H.'プチドール'やH.'プリマドレス'も3世代9年ぐらいでやっと自分が夢見た花の片鱗が見られ、5世代15年でゴールに近づいた花を咲かせてくれるようになりました。

　その花たちを作る過程は、メモを取り統計を取るなど時間をかけ、非常に険しいものですが、毎回少しずつでも近づいているだけで、喜びが増してくるのが何よりの楽しみです。そんな中、好奇心から生まれたのが「巨大な花」と「手のひらサイズ」。どこまでこの植物の可能性を引き出せるのか。あくなき探求心は尽きません。

（左上）一般的な苗の双葉（右上）極小輪系育種の苗の双葉（左下）'ヨシノ'交配の双葉（右下）巨大輪系育種の苗の双葉

手のひらほどの巨大輪

9cmポットでも育つ手のひらサイズ

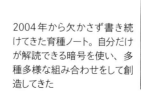

2004年から欠かさず書き続けてきた育種ノート。自分だけが解読できる暗号を使い、多種多様な組み合わせをして創造してきた

第 3 章

クリスマスローズの育て方

苗選びから
毎月の栽培のポイントまで

年間の作業カレンダー

		1月	2月	3月	4月	5月
株の生育状態		ゆるやかな生育		旺盛な生育		
		開花				
管理場所	鉢植え	日なた～明るい半日陰　※1～2月は強い寒風を避ける（霜除けがあると好ましい）				
	地植え					
水やり	鉢植え	表面の土が乾いたら　※1～2月は用土が凍っている時間の水やりは避ける				
	地植え	極端に乾燥した時のみ				
施肥	鉢植え			緩効性肥料または液体肥料を週1回		
				※ 桜が咲いたら与え始める		
	地植え			有機質肥料		
下葉取り・古葉取り		※ 取り残した前年の古葉、昨秋の開花時期前に出た葉を取る				
人工授粉						
実生苗の定植		※ 加温施設が必要		※ 屋外で可能		
花茎切り・花柄切り			咲き終わりに花茎を切る			新しい花も切る
タネ採り・タネまき						タネ採り・採りまき
株元の整理			古い葉茎取り			古い花茎取り
植えつけ・植え替え				地植えや、株の掘りあげ移動		
株分け						
病害虫防除・農薬散布		殺菌剤・予防剤				殺菌剤・予防剤
					殺虫剤	

6月	7月	8月	9月	10月	11月	12月
		半休眠		旺盛な生育		ゆるやかな生育
ゆるやかな生育						
明るい日陰〜半日陰				日なた〜明るい半日陰		
半日くらい日陰になる場所						
暑い日中は避けて				表面の土が乾いたら		
				緩効性肥料または液体肥料を週1回		
				※ 彼岸花が咲いたら与え始める		
				有機質肥料		
					※ 春に出た古葉を取る	
			※ 夏に傷んだ葉の部分だけ取る			
			タネまき			
			地植えや、株の掘りあげ移動			
			殺菌剤・予防剤			
殺ダニ剤						

※ 東京・多摩地方を基準としています

流通している苗・株の種類

ポット苗

実生1〜2年目の苗や、メリクロン苗が、7.5〜10.5cmビニールポットで秋に流通します。開花は次年度以降となるため、うまく咲かせるには適切に植え替え、施肥、水やり管理が必要です。実生苗はラベルの表示どおりの花が咲くとは限りません。確実に希望の花色が欲しい場合はメリクロン苗を選ぶと間違いありません。

開花株

花を咲かせた実生3年目くらいの株が、主に15cmポットで流通します。早いものは12月から園芸店に並びますが、多くの種類が出回るのは1月下旬〜3月上旬。花の色や形を確認できるので好みの花を入手しやすいでしょう。古い葉が傷んでいたり、葉が切り取られて花のみの場合がありますが、花がしっかりと咲いていれば問題ありません。逆に新葉もなく花だけがたくさん咲いている株のほうが花つきがよい場合があります。選ぶ基準にしてください。

良い苗・株の選び方

細かい葉ばかりが茂って花が咲かない株があるので、葉柄や茎が太いものを選ぶとよいでしょう。例えば、9cmビニールポットの実生1、2年目の苗で、細い葉柄の数が7枚以上出ている場合は、その可能性が高いです。太い葉柄の葉が3〜4本出ている苗が、しっかりと花を咲かせる苗と思って間違いありません。また、クリスマスローズの葉は花と関係性が強く、丸弁カップ咲きの花は比較的丸みを帯びた葉、剣弁平咲きの花は細長い葉、小輪タイプの花は小さく薄い葉など、苗を選ぶ際の目安にしてもよいでしょう。

鉢植え用土

排水性と通気性

鉢植え栽培では水はけが重要です。粒のしっかりとした小粒の赤玉土、鹿沼土、ヤシの実チップのベラボンなどで排水性を高めましょう。水はけが悪いと、夏は鉢内に残った水分がお湯になって根を傷めやすくなります。冬は残った過剰の水分が凍って鉢が割れたり、開花を遅らせる原因にもなります。通気性のよい用土は根の呼吸を助けることで根が健全に生育します。夏の梅雨時期の過湿対策が一番大切です。

保水性と保肥性

排水性と相反するようですが、水分を適度に保って根を乾燥させ過ぎないことも大切です。水はけがよい硬い無機質の用土が多いと、極端に乾きやすく、肥料成分も雨や水やりですぐに流れてしまいます。肥料の流出を防ぐには、堆肥や腐葉土、ピート、ベラボンなど、その用土の粒子に肥料成分を吸着させ、根が必要としている量を徐々に放出する用土を配合するとよいでしょう。ただし、その量が多すぎると根腐れを起こすので注意してください。

Tips

横山流 おすすめ配合例

基本の用土

まず全体の6〜7割を「赤玉土3：鹿沼土3：ベラボン1」などで構成して保水性・排水性・通気性を備えた基本ベースを作ります。残りの3〜4割を保肥性の高い堆肥、腐葉土などを加えてバランスを整えます。野菜や草花園芸用土を堆肥などの代わりに使用することもおすすめ。

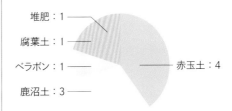

堆肥：1
腐葉土：1
ベラボン：1
鹿沼土：3
赤玉土：4

＊原種系などの暑さに弱いもの、乾燥気味を好むものに関しては基本ベースの割合を増やし、より水はけのよい用土にすることをおすすめします。

ヤシの実チップ・ベラボンと横山園芸

父親の代から育てる植物の種類に対して、また環境変化に合わせて、用土も試行錯誤してきました。その中でも40年以上愛用している一番重宝しているものが質と流通量の安定しているベラボンでした。排水性、保水性、通気性、保肥性を兼ね備えた万能の土壌改良材で根も安心するのかベラボンに根毛をしっかりと張り、植え替えの際など根に最後まで付いているのはベラボンでした。4〜5年劣化しないこともあり、植え替え頻度が少ないクリスマスローズには抜群の資材です。最終的には自然と土に戻る、用土の再利用がしやすいという点でSDGsの時代にあっています。メーカーの(株)フジックともベラボンの新しい共同研究を進めている「ベラボニスタ横山」です。

鉢の種類

駄温鉢、山野草鉢

日本で昔から使われている焼きものの鉢。鉢表面から水分が蒸発する時に気化熱で鉢の温度が下がるので、高温多湿な日本の夏に最適。重みがあるので風などでも倒れにくく、劣化もしにくいので非常に長持ちする。多くの植物栽培に適している。

駄温鉢

山野草鉢

スリット入りプラ鉢

鉢の下部に長い切れ目が入っているプラスチック鉢で、近年広く普及している。非常に排水性が高く、鉢の内部に空気が入りやすく、根詰まりしにくい構造になっている。鉢底石なども不要で、植物の根の成長をよく考えられたスリットポット。

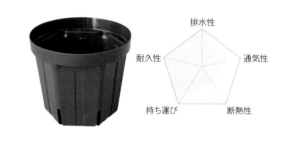

プラスチック鉢

株の成長に合わせて鉢も大きく重くなるが、軽量なプラスチック鉢であればラクに動かすことができる。鉢表面からの蒸発はほとんどなく、乾きにくいので水やりの頻度を抑えられるが、排水性と通気性のよい用土を使う必要がある。

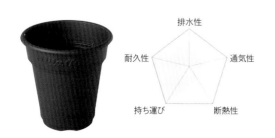

テラコッタ鉢

ヨーロッパ由来の焼きものの鉢で、デザイン性に優れるので観賞に向き、勝負どころの株には使用したい。日本の焼き鉢同様の効果もあり、重みもあるので倒れにくい。鉢の口元が狭いデザインのものは、根が張ると株が抜けなくなるので注意が必要。凍結に強いかどうか確認することも大切。

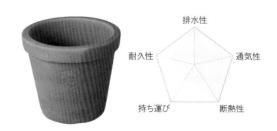

スリットポットと横山園芸

父親の代からさまざまな鉢、ポットを試してきました。植物に対して、また環境変化に応じて、試行錯誤してきたのですが、その中でもスリットポットとの出会いは衝撃でした。設計企画開発を手掛けた南出株式会社から、意見アドバイスが欲しいと依頼があり、クリスマスローズのみならず植物全般それぞれに合うサイズ、大きさ、深さ、そして色などを20年前より共同開発してきました。

クリスマスローズは根が詰まってしまうと著しく成長が鈍化するのですが、このスリット鉢は根がスリットの部分に到達すると一旦成長を止め、また根本から新根を出します。これにより根鉢がグルグル回らないうえに、鉢の中全体の根の量が格段に増えるよ

うになり、根詰まりをするどころか、鉢を割ってしまうくらいクリスマスローズの根も健康的で元気に成長します。

クリスマスローズ15cmポットで2〜3年に一度、24cmポットで4〜5年に一度の植え替えを必要としますが、スリットポットを使用した場合は2倍くらいの年数は植え替えずに済んでしまうほどです。下面までスリットが入っているため鉢底石なども不要で、水が停滞する心配も少なく、ゲリラ豪雨などの対策にもなります。

さまざまな面で、現代の栽培環境、植物成長のことを考え抜かれた最高のポットといえます。深緑、黒、紺色は横山園芸の提案カラーです。

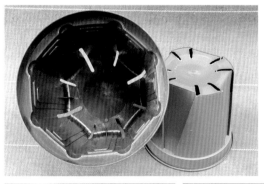

スリットポットの内側

裏面

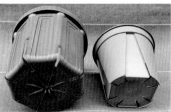

側面

硬いスリットポットを引き裂いた、驚くべき根の量とチカラ

鉢植えのポイント

管理場所

鉢植え栽培の場合の一番のポイントは夏に鉢の温度を上げない工夫をすることです。鉢の温度が45℃以上になると極端に傷み根腐れしやすくなります。夏は風通しのいい屋外の半日陰に置き、直接鉢に光が当たらないようにしてください。寒さに対しては非常に強いので、冬は基本的に日の当たる場所で管理しますが、可能であれば霜よけと乾いた寒風の避けられる場所が好ましいです。クリスマスローズは日陰でも育つといわれていますが、あまりに暗い場所で育てると開花率が悪くなる場合があるので注意しましょう。

自生地でも標高が低く、夏に暑くなる場所では、木陰や森の明るい部分、林道の道端でクリスマスローズが多く見られた

植え替え

2〜3年に一度くらいの定期的な植え替えをおすすめします。何年も植え替えせずに育て続けると根が詰まり、細かい葉柄がたくさん出るようになり、花が咲かなくなります。特別な品種でない限り、15cm以下の小さいポットで育てる場合は数年に一度の植え替え、21cm以上のポットで育てている場合は3〜4年に一度の植え替えをおすすめします。

4〜5年植え替えをせず、中心の古い根が木質化している鉢植えは、新芽が脇からしか出てこなくなる

株分け

栽培年数が長くなってくると、大株になり持ち運びができないくらいの大きな鉢になってしまうこともあります。その場合は株を半分や四等分にするなど小さくするとよいでしょう。また鉢植え栽培の場合、長年育てると中心部に切り株のようなコブができ始め、花や新芽が脇から出てくるようになります。その中心部の古い根や用土が生育を阻害してしまう場合が多々あります。写真のような状態になってしまった場合は秋の早めの時期に株分けをしましょう。ノコギリなどで中心部を取り除き、活発な部分のみを植え戻すとよいでしょう。

根と古い切り株が丸見えになり、乾燥と日の光に当たり、潜ろうとするため調子を崩し始めている。根を隠すように、増し土するのも一つの方法だが株分けをしたほうがよい

株分け

鉢の中心部に芽が出にくくなったら、株分けで古い部分を取り除きましょう。
株に刺激を与えることで、再び活発に生育を始めます。

1
実生7年の大株。同じ鉢で育て続けた結果、中心部に芽が出なくなっている株などを探す。

2
ノコギリなどで株を切り分ける。多少芽が切れてしまっても気にせず古い部分をできるだけ取り除く。

3
熊手などを使って中心部の古い切り株や根、古い用土をできるだけ取り除く。

4
傷んだ根や黒い根をハサミで取り除く。切り口には赤玉土を塗り付けるか、ペースト状殺菌剤をつける。

5
切り分けた株を背合わせに組むとよい。活発に成長している外側を内側にすると中心部からも芽が出る。

6
元の鉢またはひと回り小さい鉢など、適当な大きさの鉢を用意し、⑤の株を植える。

7
用土を3回くらいに分けて入れ、竹串やピンセットなどでつついて根と株の間に隙間なく行き渡らせる。

8
株元の土を指で軽く押さえて安定させた後、鉢の半分湿らせる程度に水をやり、1週間は過湿を避ける。

9
切り分けた株をひと回り小さい鉢にそれぞれ植えてもよい。

地植えのポイント

植えつけ場所

地植えの場合は根があまり暑くならないので、比較的明るい場所や多少過酷な環境でも育てることができます。夏の暑さや乾燥で葉が多少傷むこともありますが、暗い場所に植えている株よりも開花率がよくなることが多く見受けられます。自然に落ち葉が積もってできたフカフカの腐葉土があり、多少傾斜があって水はけのよい場所が理想ですが、市販の堆肥やベラボンなどを入れて通気性を高めたり、石やブロックで囲んで少しでも盛り土をして排水性を高めるなどするとよいでしょう。

梅の木の株元に植えられた、H. ムルチフィダス・ヘルツェゴヴィヌスと原種シクラメン・コーム。石で囲んで段差を作り排水性を高めた好環境にした一例

植え替え

同じ場所に10年近く植えたままにすると開花率が悪くなることがあります。株自体の寿命とも考えられますが、連作障害を起こしている可能性が高いかもしれません。2年連続で花数が少なくなったり、細かい葉が増えてきたら、株を掘り起こし株分けをして刺激を与え、土に堆肥などを入れてから植え直すと、再び元気に育ち始めます。また、株が健康な状態のうちに掘り起こして株分けし、違う場所に植え替えるのもおすすめです。

植え穴を大きめに堀り、フカフカの状態にして新しい大株を植えている様子。古い株は違う場所へ植え替えると元気になる場合がある

マルチング

クリスマスローズは本来落ち葉やほかの草などが枯れて堆積する場所に生育しています。そのため、株元をキレイにしすぎると徐々に上に上がってくる性質があるため根が見え始めてしまう場合があります。庭ではほったらかしにすることはできないと思いますので、毎年少しずつでも堆肥やベラボン、バークチップなどで株元を覆うとよいでしょう。地温の上昇を抑えるだけでなく、乾燥防止、除草防草効果も得られるので一石三鳥くらいの役割があります。

落ち葉が飛ばされてしまう場合や場所、寒冷地などでは、針葉樹の葉やチップ、ベラボンなどでマルチングすると効果的である

定植、植えつけ、移植

植えつける場所は、落葉樹の木の下や建物の東側など、夏に半日陰となる風通しのよい場所が向いています。雪国などはできるだけ雪が早く溶ける場所が理想です。

1
植えつけ前に、腐葉土、ベラボン（無調整）、有機質肥料を用意しておく。

2
18cmポットの株を植える際は、スコップなどで深さ約40cm、直径約40cmの植え穴を掘る。

3
植え穴に腐葉土5L、ベラボン5L、有機質肥料500gを入れ、庭土となじませる。

4
実生3〜4年以上の開花見込み株または開花株を用意する。白く新しい根が動き始めているものが望ましい。

5
鉢から株を取り出し、熊手などで根鉢を1〜2cm崩す。古い根や用土を取り除くとよい。

6
株を置き、鉢に植えられていた時の表土の高さと地面がそろうように調整する。

7
中心部の花芽が隠れないように注意して土をかけた後、株元の土を軽く押さえる。

8
たっぷり水をかける。時間をおいて再度たっぷりかけ、しっかり湿らせる。

9
植えた日づけや品種名などを記したラベルを株元に挿す。このタイミングでさらにマルチングなどをするとよい。

肥料について

肥料を与える時期について

株が健康に育ち、花を咲かせるためには、肥料を与えるタイミングが非常に重要です。クリスマスローズは葉が多くを物語ってくれます。葉が万歳をしているように上を向いているとき（春）、両手を広げたようになっているとき（秋～冬）、この時期は肥料を欲していると考えてください。逆に葉を頭上めいっぱい広げているとき（夏）は半休眠状態なので肥料は与えないでください。地域によって季節の差はありますが、おおむねヒガンバナが咲いたら秋、桜が咲いたら春と考え、そのタイミングで最低でも年に2回の肥料を与えることをおすすめします。

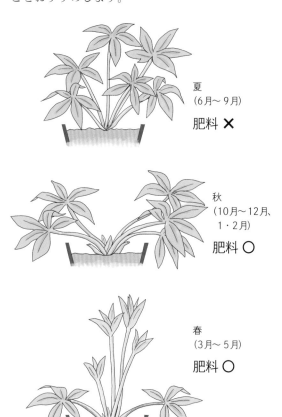

夏
（6月～9月）

肥料 ✕

秋
（10月～12月、
1・2月）

肥料 ○

春
（3月～5月）

肥料 ○

有機肥料と化成肥料

肥料には有機（堆肥など）と無機（化成肥料）があり、植物体を健康にするには両方を上手に使いこなすことが必要です。鉢栽培の場合は狭く限られた空間なので、化成肥料を中心として多少の有機成分をプラスすることをおすすめします。効果が不安定な有機肥料を鉢栽培に使うと、カビの原因などにもつながります。逆に、地植えの場合は絶対に植物性堆肥、油粕などの有機肥料をおすすめします。化成肥料などを使うと短期的にとても成長してよく感じるのですが、使い続けると微生物も減り土が固くなってしまうので注意してください。

液体肥料と固形肥料

クリスマスローズは比較的成長がゆるやかな植物です。基本的には緩効性の固形肥料を使用し、長い期間（1～2ヵ月）で平均的にゆっくり効く肥料を与えることをおすすめします。逆に一番成長する時期の秋と春は液肥と固形を併用するとより効果が上がります。夏目前という時期は、液体肥料のみにして、固形肥料は変に成分が残っていると梅雨時期などに溶け出すこともあるので、取り除くとよいでしょう。液体肥料は用土を乾かし気味にしてから与え、週に1度など定期的に使用したほうが効果的で、株もバランスよく成長します。

地植えの場合は植えつける場所にたっぷり堆肥を入れ、庭土となじませてから植えつける

水やりについて

「表土が乾いたらたっぷり与える」というのが年間通じた水やりの基本で、過湿になりすぎることに注意するのがポイントです。

クリスマスローズの自生地は地中海性気候でそのサイクルを念頭に入れると、夏は雨が少なく乾燥気味、冬は雨や雪が多く湿度が高めが理想だということがいえます。太平洋側は冬の湿度が低く、乾燥した寒風、水不足によって花の背が低くなったり 成長が鈍化することがあるので、注意が必要です。

クリスマスローズの水やりにおいて、絶対禁物なのが毎日たっぷり与えたり鉢受け皿に水が常に溜まっていることです。特に夏の暑い時期に過湿になると、鉢内に残った水分がお湯になって根を腐らせる原因となります。逆に春の新葉が展開する桜が咲く頃は最も水分を必要とする時期で、水を切らすと葉の生育が著しく遅れるので注意してください。ある程度葉がしっかりと成長して固まり、色が濃くなると、乾燥にも耐えられるようになりますが、夏も極端な乾燥は避けて、葉水をすることをおすすめします。

水やりには、根に空気を送り込む役割もあります。水量は用土全体が湿る程度で十分ですが、3回に1度くらいは鉢の下から水が滴るほどたっぷりと与えて、鉢内の空気を入れ替えることをおすすめします。

Tips

乾燥・湿気にどれだけ耐えられるか

鉢植えのクリスマスローズに8月中旬頃、水をやらずに乾燥させていくと、まず葉がしおれ始めます。さらに乾燥させると、葉の色は水分が抜けたように薄く黄緑色になり、しばらくすると茶色くなり葉が枯れます。しかし、芽と根はまだ生きており、9月下旬頃から新葉を出し、株を再生することができました。雑草として同じ鉢の中に育っていたセイダカアワダチソウなどが枯れても、クリスマスローズは生き抜くことができるくらい丈夫なものということが証明されました。

湿度に対しては、開花サイズになった'プチドール'をスリットポットに植え、1年を通して1cm程度の腰水で育てたことがあります。根腐れして枯れるものがありましたが、水辺のそばで発見したH.ドュメトルム、H.ムルチフィダスを交配親に使っているので、一般的なクリスマスローズよりも生存率は高くなりました。これらは極端な例ではありますが、簡単には枯れないということを再認識したと同時に、可能性は無限大であると実感しました。もちろん真似はしないでくださいね！

なぜ夏に肥料を与えると根が腐るのか

夏でもクリスマスローズの葉は青々としていますが、暑さに耐えるために半休眠状態で何とかしのいでいる状態です。そこに肥料を与えると、植物が肥料を吸わないので鉢や用土の中の肥料濃度が上がり消化不良を起こし、根が腐ってしまうという現象が起きます。バラや家庭菜園の肥料が余ってもったいないからといって、クリスマスローズには与えないでくださいね！

気をつけたい病気

灰色かび病 （12月〜5月）

病状と対策：株元の甘皮や新葉に白〜灰色のカビが発生して、やがて溶けるように腐ってしまう病気。根茎まで進行すると枯死することもある。発生しやすい環境は①20℃前後、②湿度が高い、③暗い、④空気が停滞している場所。できるだけ日に当て、風通しのよい場所で栽培することが何よりの予防になる。花茎の元にある甘皮や、切り残した葉柄などは早めに取り除き、清潔に保つとよい。

有効な薬剤：オーソサイド水和剤、ＳＴダコニール1000、予防にはベニカＸガード粒剤など。

べと病 （新葉の展開時）

病状と対策：まず葉の裏側に灰色の胞子のようなフワフワした綿毛状のカビが現れる。感染すると葉が丸まったように委縮し、黄色く葉が変色して、やがて黒色になる。発生しやすい環境は①5℃前後、②湿度が高い、③空気が停滞している場合。風通しのよい場所で管理するのが好ましい。水や泥はねで感染するので、発症後は早めに患部を切り取って殺菌剤を散布する。

有効な薬剤：オーソサイド水和剤、ＳＴダコニール1000、予防にはベニカＸガード粒剤など。

軟腐病、根腐れ病 （6月〜8月）

病状と対策：株元の根茎部や根が真っ黒になりドロドロに腐り、悪臭を放つ。地上部はしおれて枯れる。傷んだ葉や茎、根から病原菌が侵入することで発症する。発生しやすい環境は①30℃前後、②湿度が高い。窒素肥料の過多で軟弱に育つと特に感染しやすいので、肥培管理を適切に行い、水はけのよい用土で管理することが防除につながる。発症後はすみやかに取り除き、殺菌剤を散布する。

有効な薬剤：ストマイ液剤20 など。

モザイク病 （10月〜翌4月の生育期）

病状と対策：葉や花に黄緑色〜黄色のまだら模様が現れ、株が全体的に萎縮する。液体感染なのでハサミの使いまわしや、アブラムシやハダニなどの吸汁性害虫がウイルスを媒介すると考えられるため、それらの防除に努める。発症後は有効な薬剤がないため、株・用土・鉢を全て破棄し・感染の拡大を防ぐことをおすすめする。わずかな希望として復活させるためには、植物活性液といわれるリキダスやメネデール、HB101などの微量要素を与え、植物体が健康になることを祈るのみだが、可能性は低い。

ブラックデス （10月〜翌4月の生育期）

病状と対策：葉・花・茎の脈に沿って、コールタールを擦りつけたような黒い病変が現れ、症状が進むと株全体が黒く焦げたように縮れて枯れる。液体感染なのでハサミの使いまわしや、アブラムシやハダニなどの吸汁性害虫がウイルスを媒介すると考えられるため、それらの防除に努める。発症後は有効な薬剤がないため、株・用土・鉢を全て破棄し・感染の拡大を防ぐことをお勧めする。わずかな希望として復活させるためには、植物活性液といわれるリキダスやメネデール、HB101などの微量要素などを与え、植物体が健康になることを祈るのみだが、可能性は低い。
(p89写真参照)

Tips

病気は出さないようにする

どんなに丁寧に栽培管理していても人間と一緒で病気というのは出てしまうものです。ただそのリスクを減らすことは大切なことです。健康的になるよう肥培管理、植え替えなどを行うことが一番の予防となります。菌は簡単にいうと場所取り合戦をしている状態です。よい菌が居座れば悪い菌は入り込めません。化学農薬だけでなく有機的農薬資材の併用もおすすめします。

病気の症状が出てしまったら……

まずは①できるだけ隔離をする、②殺菌剤を散布して新葉の展開まで様子を見ることが大切です。ちょっと葉が黒くなっただけでビックリしてすぐに切り捨てたり、処分してしまう人がいますが、治る可能性はゼロではありません。とにかく重要なことは初期症状を見逃さず早期発見、治療。クリスマスローズが成長する秋から春にかけては特に観察するようにしてください。

気をつけたい害虫

アブラムシ（2月～4月）

被害と対策：体長1～3mm、体色は黄、緑、赤、黒など。葉の裏や新芽などに群れて発生する。汁を吸って生育を妨げ、被害を受けると新芽が縮んだり、葉が変形する。さまざまなウイルス病を媒介するほか、葉にこびりついた排泄物にすす病が繁殖するので汚らしい。特にH.ニゲル、H.ニゲル系種間雑種に出やすい。

有効な薬剤：ベニカXスプレー、オルトラン、ベストガード、モスピランなど。予防にはオルトランDX粒剤やベニカXガード粒剤など。

ハダニ（3月～10月）

被害と対策：体長0.5mm、体色は赤色。葉裏に寄生し、口から針を突き刺して汁を吸う。大量に発生すると葉の表面にクモの巣を張ったようになる。吸われた部分は葉緑素が抜けて小さな斑点が生じる。被害が進行すると葉色が茶色くなり、弱って枯れることもある。暖かく乾燥した条件を好み、水を嫌うので、定期的に葉裏にも散水、霧吹きなどをすることが防除につながる。特に葉が大きくて広く、産毛が生えている原種（H.プルプラセンス、H.オドルス）に出やすい。

有効な薬剤：ベニカスプレー、バロックフロアブル、アーリーセーフなど。予防にはベニカナチュラルスプレーなども有効。

アザミウマ（4月～5月）

被害と対策：体長1mm前後、体色は黄色、灰褐色、黒色など。20℃前後で最も活発に動く。花の中や葉のつけ根に群生する。新芽が被害を受けると新葉が奇形になる。花粉や、落ちた蜜腺などが発生源にもなるので、こまめに取り除いて防除する。クリスマスローズの害虫としてあまり気にならない。

有効な薬剤：ベニカXスプレー、オルトラン、スミチオンなど。予防にはオルトランDX粒剤やベニカXガード粒剤など。

ヨトウムシ、ハバチの幼虫（3月～5月）

被害と対策：ガやハバチの幼虫で、体長4～5cmまで大きくなる。昼間は土中に隠れ、夜間に活動して葉を食害する。ほとんど被害が報告されてないが、まれに他に食べるものがないと仕方がなくクリスマスローズの新葉や花を食べる模様。葉裏で活動している時に駆除するのが望ましい。

有効な薬剤：ベニカXスプレー、オルトラン、ロディーなど。予防にはオルトランDX粒剤やベニカXガード粒剤など。

ハモグリバエ（3月～5月）

被害と対策：体長2～3mmのウジムシ状の幼虫が葉の内部に侵入し、蛇行して食害する。葉の表面に白く浮き出る食跡が絵を描いたように見えることから"エカキムシ"とも呼ばれる。クリスマスローズではあまり見られないが、特にH.ニゲル、H.ニゲル系種間雑種に出やすい。食跡の先端に幼虫がいるので、指やピンセットで潰して駆除する。

有効な薬剤：予防にはオルトランDX粒剤やベニカXガード粒剤など。

ハマキムシ（4月～10月）

被害と対策：ハマキガの幼虫で、体長1～3cm、体色は黄緑色。糸を吐き出して葉を巻いたり、2枚の葉を綴り合わせて葉を食害する。暖地では巻いた葉の中で越冬することもある。特にH.ニゲル、H.ニゲル系種間雑種に出やすいので、巻いた葉を見つけたら、すぐに摘み取って駆除する。

有効な薬剤：ベニカXスプレー、スミチオン、マラソンなど。予防にはオルトランDX粒剤やベニカXガード粒剤など。

ナメクジ類（6月～10月）

被害と対策：体長2～3cm。新芽や花弁、枯れた葉や腐食部分を好んで食害し、幼苗が被害を受けると生育が著しく妨げられる。主に夜間に活動し、昼間は鉢底など湿った場所に潜んでいる。這って移動した跡が残るので見つけやすい。見つけ次第、捕殺する。

有効な薬剤：予防のためにナメトックスなどを近くに置いておくとよい。

ブラックデスの症状 (p88)

ブラックデスが発症したクリスマスローズ。花が咲き始めたがどんどん症状が悪化

ブラックデス発症の様子。古い葉でなく新葉が影響を受ける

ブラックデスの初期症状

ブラックデス発症の様子。新芽が黒くなりいじけてしまう

89

1月

寒さの厳しい1月は花芽が充実してくる時期。
多くの種類が蕾をつけ色づき、
早いものは咲き始める。
古葉の整理や株元を清潔にして、
開花に備えよう。

お花
ヨロコブ
チカラコブ!!

次々と
あがってくる
蕾たち

主な作業

無茎種の古葉取り

この時期は傷んで枯れた葉が目立ってくる。特に無茎種は落葉性と呼んでいいほど葉が傷むことがあるので、株元から5cm程度残して切り落とす。古葉を除去することで株元によく日が当たり、切ることの刺激で開花を促進させる効果もある。

株元を清潔に

株元の風通しが悪く、過湿になると灰色かび病を発症しやすいので、その防除にもなる。ただし、有茎種、中間種（H.ニゲル系雑種）は切らないほうがよい。

病害虫予防

花が咲く前に、病害虫がつかないように予防や消毒を。ベニカXガード粒剤などを置き成分を吸わせるとよい。

鉢植えの場合

管理場所 蕾を充実させるために、よく日の当たる場所で管理する。あまりにも強い寒風や霜に当たると根が傷むので、移動するか霜除けなど、保護をするとよい。園芸店などで新たに購入した株は寒さにならすために、夜間だけ玄関などに入れるとよい。

水やり 気温が低く、株の成長がゆるやかなので、用土は乾きにくい。水やりは週2回、用土の表面が乾いたら用土が半分湿る程度与える。気温の低い早朝や夜間を避け、暖かい日の午前中に行い、余分な水分が鉢内に残らないようにする。株や鉢が凍っているときには絶対に水をやらない。

施肥 本来この時期はあまり必要としないが、秋に肥料を与えなかった場合や、少なかったかなと思う場合は液体肥料を2週間に1回程度与えるとよい。

病害虫 新芽に、灰色かび病、ブラックデスが発症する場合がある。

地植えの場合

マルチングをしている場合は水やりも肥料も特にやる必要はないが、あまりに乾燥が続く場合は水をやるとよい。枯れ葉が邪魔であれば取り除く程度。

寒冷地・高冷地 雪国

雪の下が一番安心だが、雪が少なく極寒が続きそうな場合は5～10cm程度、厚めにマルチングをすると保護になり、日中の温度などに左右されにくくなる。

1月のワンポイント

この時期に園芸店などで新しく購入した株は、寒さに慣れてない場合があります。いきなり寒風や霜に当てると、しおれて元に戻らなくなることがあるので、外気が0℃以下になる場合、夜間は玄関先に入れるなどして、保護をしつつ寒さに慣らすとよいでしょう。

2月 ほとんどの種類が花を咲かせ始める。
まさにクリスマスローズのシーズン到来。
冬枯れの季節に彩りを添える、
かわいらしい花たちを満喫しよう。

わさ… → すっきり！
わさ…
この頃の新葉は取ってOK

ちょい
ちょい
交配するなら今!!
開花ラッシュ!!

主な作業

株元の整理

1月に引き続き、株元は清潔に保つようにする。切り枝なども取り除く。

葉の整理

古い葉が風によってあおられ花を傷つけてしまうことがあるので、できれば切り除く。またこの時期の新葉も花の邪魔になるようだったら取り除く。

花粉付けと交配

タネを採って増やしたい、新しい花を作りたいという人は、この時期にピンセットや綿棒などで花粉を雌しべにつけたりするとよい。

鉢植えの場合

管理場所 よく日の当たる場所で管理する。強い寒風や霜に当たると花や根が傷むので、必要に応じて保護できる場所に移動する。

水やり 1月同様、気温が低く、まだ株の成長がゆるやかなので、用土は乾きにくい。水やりは週2回、用土の表面が乾いたら用土が半分湿る程度与える。気温の低い早朝や夜間を避け、暖かい日の午前中に行い、余分な水分が鉢内に残らないようにする。株や鉢が凍っているときには絶対に水をやらない。

施肥 本来この時期はあまり必要としないが、秋に肥料を与えなかった場合や、少なかったかなと思う場合は液体肥料を2週間に1回程度与えるかプロミック粒剤など規定量の半分くらい置くとよい。

病害虫 新芽に、灰色かび病、ブラックデスが発症する場合がある。咲き始めの花や新芽にアブラムシやヨトウムシなどが発生することもあるので、予防対策をするとよい。

地植えの場合

マルチングをしている場合は水やりも肥料も特にやる必要はないが、あまりにも乾燥が続く場合は水をやるとよい。枯れ葉が邪魔であれば取り除く程度。

寒冷地・高冷地 雪国

1月同様、雪が少なく極寒が続きそうな場合は5〜10cm程度、厚めにマルチングをすると保護になり、日中の温度などに左右されにくくなる。咲き始めた花に、雪避けなどをすると潰されたり折れてしまったり、寒さで傷んだりするので、雪の下が一番安心である。

2月のワンポイント

クリスマスローズが一番流通し出回る時期です。一期一会の出会いを逃さず、楽しんでください。1月同様の寒さ対策は必要ですが、花が咲き始めたのに新葉も出てきてしまい花が葉に埋もれている、背が低いという声をよく聞きます。この時期の新葉は取り除き、のびのび花を咲かせてあげましょう。交配をしたい方は2月が好機です！　クリスマスローズの場合、雌しべが先に熟し蕾が開きかけた状態で花粉をつけると容易に交配ができますので、機会を逃さないようにご注意を。

3月

ほとんどの種類で花が咲きそろい、まさに最盛期。
どの地域も吉野桜が咲く頃に満開を迎える。
植え替えなどの園芸作業も行いやすい季節となる。

タネ採りしない株は
子房取りか 切花に

タネがふくらむ
前に

つまんで
ひねると

きれいに取れた

主な作業

有茎種、無茎種ともに花茎切り

花粉が落ち、色が変色し咲き終わり次第、花ないし花茎は下から5cm程の高さで切り、取り除くとよい。

子房摘み

より花を長く楽しみたい場合は、タネができないように中心部の子房部分を取り除くとよい。

実生苗のポット上げ

昨年こぼれたタネや、実生・発芽苗が双葉に続いて本葉が出始める。その小さい苗の植え替えなどを行う。

鉢植えの場合

| 管理場所 | よく日の当たる、風通しのよい場所で管理する。 |

| 水やり | 気温の上昇とともに、新葉が伸びるなど生育が活発になるので、用土も乾きやすくなる。週2〜3回、用土の表面が乾いたらたっぷり水を与える。水切れに注意する。 |

| 施肥 | 新葉が伸び始め生育が活発になる3月中下旬は緩効性の固形肥料を与えるとよい。葉が展開してきたら、同時に液体肥料を週1回程度与えてもよい。 |

| 病害虫 | 新芽や株元に、灰色かび病、ブラックデスが発症する場合がある。アブラムシやヨトウムシ、ナメクジなどが活発に活動するので、防虫をするのと同時に、早期発見で適切な殺虫剤を散布する。 |

地植えの場合

水やりも肥料も特にやる必要はないが、あまりにも乾燥が続く場合は水をやるとよい。マルチングも保湿には有効。秋に堆肥や肥料を与えなかった場合はこの時期にやるとよい。

寒冷地・高冷地雪国

徐々に春の声が聞こえてくる時期。雪解けも進み、地面が見え始めると、クリスマスローズも一気に成長を始める。秋に肥料を与えなかった株には、この時期から少しずつ与えるとよい。また雪解けなどの湿度で、株元が腐ることがあるので、清潔にする。

3月のワンポイント

クリスマスローズが庭でも満開を迎える時期です。下旬には気温も安定してくるので、植え替えや場所移動などにも適しています。こぼれたタネで発芽してきた苗などが親株のそばにあるとアレロパシー（他感作用）効果で、クリスマスローズどうしが攻撃を始め、弱いものは黄色くなり枯れることもあります。できるだけ離して植えたり、鉢上げをして移動させましょう。

4月

多くの花が咲き終わって色褪せてくる。
中心部の子房が膨らんでタネができ、新葉も次々と出てくる。
クリスマスローズが一年で最も活発になる時期です。

タネを採るなら
袋をかぶせよう

茶こしに
ホチキス

また、
来年ね！

花茎切り

切花や
花手水に

主な作業

有茎種、無茎種ともに花茎切り

花粉が落ち、色が変色し咲き終わり次第、花ないし花茎は下から5cm程の高さで切り、取り除くとよい。遅くとも葉桜の季節になったら、クリスマスローズもできるだけ早く葉だけを残すようにする。

タネの袋かぶせ

タネを採りたい株、交配した花の子房が膨らんでくる。タネがいつの間にかこぼれ落ちないように、茶こし袋を被せておくと安心。

植え替え

新しく購入した株、植え替え損なっていて根詰まりしている株などは、できるだけ早く植え替えをしてあげる。株分けなどはできれば秋にしたほうがよい。

鉢植えの場合

| 管理場所 | よく日の当たる、風通しのよい場所で管理する。 |
| 水やり | 気温の上昇とともに、新葉が伸びるなど生育が活発になるので、用土も乾きやすくなる。週2～4回、用土の表面が乾いたらたっぷりと水を与える。 |

| 施肥 | 緩効性の固形肥料を必ず与える。同時に液体肥料を週1回施してもよい。 |
| 病害虫 | 新芽や株元に、灰色かび病、ブラックデスが発症する場合がある。アブラムシやヨトウムシ、ナメクジなどが活発に活動するので、防虫をするのと同時に、早期発見で適切な殺虫剤を散布する。 |

地植えの場合

水やりも肥料も特にやる必要はないが、あまりにも乾燥が続く場合は水をやるとよい。マルチングも保湿には有効。秋に堆肥や肥料を与えなかった場合や、開花によって株が消耗しているので、油かすなどの有機質肥料を一握りくらい、株元から10cmくらい離れた場所に与えるとよい。

寒冷地・高冷地 雪国

一気に春を迎えてさまざまな花も咲き始めるこの時期。クリスマスローズも平地に追いつけ追い越せの勢いで成長を始める。東北などの寒冷地はこの時期に植え替えなどをするのが最も好ましい。できる限りこのタイミングで植え替えや移植などを済ませておきたい。

4月のワンポイント

生き生きした新葉が続々と出てくるこの時期、クリスマスローズは一年で一番成長する時期でもあります。同時に根元には来年のための花芽ができ始める時期でもあります。株が体力を消耗しないようにたくさんタネを採ってしまったりせず、また花を早く切れば切るほど新葉の成長を促すことになるので、できるだけ早く花茎を切るとよいです。

5月

みずみずしく、躍動感あふれた新葉が
一斉に出そろい、葉が最も美しい季節。
厳しい夏越しに向けて、
健康的な株づくりを心がけつつ
暑さ対策の準備を進めましょう。

タネ採り

タネが
はじけてないか
見回り中

うろ
うろ

じー〜

主な作業

タネ採り、タネまき

タネ採り用に花にかぶせた茶こし袋の中で子房がはじけ、タネがこぼれ始める。こぼれたタネは乾き過ぎると発芽率が下がるので早めに取り出し、タネまきの準備をする。

大事!!

忘れると
栄養が足らず
咲かないことも…

そして
来年のために
追肥!!

花柄切りと枯れ枝整理

5月にもなると新葉が花を覆い隠すように成長する。もういい加減、花茎は切りましょうね！

暑さ対策の遮光

5月後半になると30℃を超える日が出始める。葉が固まり始めたら、50〜70％遮光（よしず）をするとよい。

鉢植えの場合

管理場所　よく日の当たる場所から半日陰ぐらいの場所で、風通しのよい場所で管理する。まだ株が暑さになれていないので、突発的に暑くなる日はよしずなどで日除けするか、日中だけ日陰に移動するとよい。後半には遮光をして日陰を作り涼しい環境を作りたい。

水やり　気温の上昇とともに、新葉が伸びるなど生育が活発になる。用土も非常に乾きやすくなるので、水切れに注意したい。週2〜4回、用土の表面が乾いたらたっぷり水を与える。

施肥　一年のうちで生育が最も活発になる時期なので、肥料が効いている状態を保つようにする。この時期の固形肥料は一気に効きすぎる可能性もあり、夏まで残ってしまうこともあるので、液体肥料のみにシフトして、週1回与えるとよい。

病害虫　気温と降雨量の上昇にともなって過湿になると、べと病やうどん粉病を発症する場合がある。予防のため殺菌剤を散布するとよい。そのほかの害虫も活発に活動するので、見つけたら適切な殺虫剤を散布する。

地植えの場合

この時期は特にやることはない。しいていうならば、ナメクジ、ダンゴムシ対策のためにも、株元の整理を心掛ける。古い葉、花茎は取り除くようにしたい。

寒冷地・高冷地雪国

基本的には平地、暖地と同じ作業管理をする。まだこの時期は花がきれいに咲いていることもあるが、5月下旬に花を取り除くと来年もよく咲く。

5月のワンポイント

25℃を超えるとクリスマスローズは成長が一時的にストップします。暑い日は日陰に移動することが大切ですが葉がしっかりと固まるまではできるだけ日に当てて引き締まった葉を作るほうが開花率は上がるので、多少我慢をさせるぐらいがちょうどよいかもしれません。

秋まき用タネの保存

1 茶こし袋などに、タネ、パーライト、品種や交配記録などを記したラベルを入れ、ホチキスで止めて、こぼれ出ないようにする。

2 鉢に赤玉土、鹿沼土、軽石を同分量で配合した用土を入れ、その上に重ならないように平らに並べる。

3 同じ用土を3cmほど覆土し、たっぷり水をかける。9月下旬まで温度変化の少ない日陰で管理し、表面が乾いたら水をやり、乾き切らないように保湿する。

タネまきの準備

1 はじけた子房から採取したタネ。やや乾燥によって表面にしわが生じている（写真は一般的なH.ハイブリッドのタネ）。

2 採取したタネを茶こし袋などに入れ、ベンレートなどの殺菌剤を希釈したものに半日～1日浸して殺菌する。

3 殺菌剤で湿った茶こし袋をよく脱水し、さらにキッチンペーパーなどで水分を軽く拭き取る。吸水するとタネは膨らむ。

タネまき

1 ビニールポットなどに赤玉土小粒9：くん炭1や、タネまき用土を入れ、水で十分に湿らせる。9cmポットに20粒程度を目安にタネをまく。

2 赤玉土を1cmほど覆土する。赤玉土や砂利を表土に用いると、発芽時に双葉から種皮がはがれやすくなる。

3 品種と日づけを記したラベルを立て、水をかける。発芽するまでは日陰で管理し、乾かさないようにする。

❖ タネが最も発芽するのは親の株元です。適度な乾湿を繰り返し、親株の葉が遮光となり、気温も上がりにくいのです。保存の際は茶こし袋に入れておくだけでもよいでしょう。

6月

本格的な夏の始まり。
気温の上昇とともに葉も固まり、
生育がゆるやかになる。
梅雨入り前にしっかりと夏越しが
無事にできるように準備を進め、
健康的な株に育てておきましょう。

梅雨入り前に
株元を
きれいに
しよう

肥料を
切って
増し土

コケ
カビ
対策

主な作業

株元の整理

枯れ枝や甘皮などを取り除き、梅雨入り前には株元を可能な限り清潔にしておきたい。固形肥料は夏に溶け出すといけないので、取り除く。中心部にある小さな葉や横に倒れて広がっているやや古い葉があれば切り取り、風通しをよくするとよい。

表土替えと増し土

この時期に株の高さをチェックするとよい。意外と土が落ち着いて根が見えていることもある。表面のコケや菌などを減らすためにも表面の用土を少し取り換えることもおすすめ。

遮光して暑さ対策

25℃を超える日が増えてきたら日除けをし、鉢（根）の温度をできるだけ上げないようにする。二重鉢（⇒ p.97）などで鉢内の温度を下げる工夫もある。無茎種は3～5月に切り残した花柄のつけ根がしおれてくるので取り除き、カビの発生を防ぐ。用土が目減りして株元から根が露出している場合は増し土（用土を補うこと）をする。

鉢植えの場合

管理場所 この時期は基本半日陰で管理して、可能であれば西日を避けられる場所が好ましい。鉢と鉢の間隔を少し空けて通気性をよくする。鉢の下にスノコや人工芝などを敷き、鉢の中の温度、湿度が少しでも下がるよう工夫をしたい。

水やり 週2～3回、用土の表面が乾いたらたっぷり水を与える。

施肥 生育はゆるやかで半休眠期に入るので、肥料は与えない。

病害虫 この時期は比較的発生しないので、ホッと気を抜ける時期。気温と降雨量の上昇で過湿になると、べと病を発症する場合が多いので、予防のため殺菌剤を散布するとよい。

地植えの場合

この時期は特にやることはない。しいていうならば、ナメクジ、ダンゴムシ対策のためにも、株元の整理を心掛ける。古い葉、花茎は取り除くようにしたい。

寒冷地・高冷地 雪国

平地、暖地と同じ管理をする。まだ植え替えや追肥などをできる地域が多いので、各地の気温を参考に作業を進めたい。

6月のワンポイント

一日の平均気温25℃（気象庁HP過去の記録参照）が本格的な夏の到来を告げ、クリスマスローズは成長がストップし半休眠状態になります。さらに鉢の中の温度が45℃を超えると根が傷む可能性がかなり増します。鉢に直射日光が当たらないように、二重鉢にするなどの工夫も必要です。この時期からはかなり暗い場所に移動しても問題ありません。熱がこもるベランダなどは日中だけでも扇風機などで風を送るとよいです。

日除け・風通し

直射日光を防ぐ

夏の強い日差しは、暑さに弱いクリスマスローズにとって大敵。しっかり日除けして、鉢の温度が上がるのを防ぎます。管理場所にはヨシズや遮光ネットなどを地上から1〜2mの位置に張って備えましょう。遮光ネットは遮光率70%程度で、空気や雨が通る素材のものがおすすめ。西日の当たらない場所に設置しましょう。

過湿を防ぐ

鉢植えを地面に直接置くと、鉢底の穴がふさがれ、空気の出入りや水はけが悪くなり、過湿状態を起こしやすくなります。過湿状態が続くと根腐れしやすいので注意が必要です。高さ40〜50cmの台に置いて管理するのがベストですが、鉢の下にスノコや人工芝を敷くだけでもよいでしょう。風通しがよくなるほか、土の跳ね返りで発症しやすくなる病気の予防にもなります。長雨の時期は、遮光ネットの上にビニールシートを重ねて雨除けをしてもよいでしょう。

二重鉢

栽培している鉢をひと回り大きな鉢の中に入れることで、直射日光による鉢の温度上昇を防ぎます。鉢と鉢の間に空気の層を作ることで、外側の鉢の温度が内側に伝わりにくくなります。外側の鉢は熱を吸収する黒よりも、熱を反射する色のほうがよいでしょう。外側の鉢にアルミホイルをまく方法もあります。

風通しをよくする

なるべく鉢と鉢の間隔を空けて、風通しをよくしましょう。隣りの鉢の葉が触れるか触れないかくらいの間隔で並べると、風が通るとともに、葉で直射日光が遮られて鉢の温度も上がりにくくなります。また、春に展開した新しい葉だけを残し、前年の古葉を間引いて株元の混み過ぎを防ぐことも、通気性の確保につながります。

ミストもいい…

エコアイテム

家庭用も安くなってきたね
出しっぱなしに注意！

鉢はすきまができるサイズを選ぼう

底石を入れて二重に

97

7・8月

暑さがピークを迎えるこの時期。
とにかく人も植物も暑い夏に耐える大変な時期ですが、
多少葉が傷んだりしてもそのままで我慢。
でも根の様子はたまに見て！

打ち水

水切れ葉焼け注意…

遮光

あち…

じっとガマンの夏…

梅雨明けしたらベランダや軒下も遮光しよう

主な作業

暑さ対策、日除け

最低でも外気温よりは上がらない工夫はしたいもの。空気が動かない場所では、扇風機や循環扇で少しでも風を起こすとかなり体感温度が下がるように、植物にとっても病害虫の発生予防になる。

ダニ対策

いつの時期でも注意が必要だが、この時期にはクリスマスローズもあまり成長しなくなり用土が乾かなくなる。水やりの頻度が減るとダニが出る場合があり、予防と早期発見を心掛けたい。

鉢植えの場合

| 管理場所 | この時期は基本半日陰で管理して、可能であれば西日を避けられる場所が好ましい。鉢と鉢の間隔を少し空けて通気性をよくする。鉢の下にスノコや人工芝などを敷き、鉢の中の温度、湿度が少しでも下がるよう工夫をしたい。ミストや打ち水もよい。 |
| 水やり | 週2〜3回、用土の表面が乾いたら水を与える。日中の暑い時間帯は避けたいが、ど |

うしてもやらなくてはならない場合は半分くらい湿らせるつもりでやる。こうすることで湯立ってしまうリスクは減る。

| 施肥 | 絶対にあげないように。半休眠期状態で、肥料は求めていない。 |
| 病害虫 | 暑さ対策と、根腐れに注意。とにかく調子が悪い、いつもと様子が違うと感じたら葉の裏側や根を見てみるとよい。 |

地植えの場合

この時期は特にやることはない。しいていうならば、ナメクジ、ダンゴムシ対策のためにも、株元の整理を心掛ける。古い葉、花茎は取り除くようにしたい。

寒冷地・高冷地 雪国

平地、暖地と同じ管理をする。各地の気温を参考に作業を進めたい。

7・8月のワンポイント

台風やゲリラ豪雨の後などは、晴れると一気に気温が上がります。雨ざらしの場合、鉢内が高温多湿になって根を傷める原因となりますので、より遮光を強めておく、場所を移動する、もっといってしまえばあらかじめ水はけのよい用土に植えておくなど、管理に注意が必要です。

9月

まだまだ残暑が厳しい時期ですが、植物は秋を感じ始めます。
ヒガンバナの開花をタイミングの目安にして、
クリスマスローズも植え替え、追肥などを始めましょう。

目覚め

根っこが
動き始めたら
植え替え開始！

遮光ネットは外し
日を当て
肥料も再開

白い新しい根

主な作業

暑さ対策と日除け

一日の平均気温が25℃（気象庁HP過去の記録参照）を超えないようになり2週間続いたら、徐々に遮光を外していく。おおむねお彼岸の頃となる。

植え替え

左記のタイミングで始める。できるだけ早くやったほうが、より成長が早まる。迷ったら根を見て判断することもできる。白い根がたくさん動いていたら成長開始のサイン。

鉢植えの場合

管理場所 ヒガンバナが咲く頃から徐々に遮光を取って、日が当たるように慣らしていく。まだやや半日陰の場所でも大丈夫だが、その地域の気温と相談を。

水やり 週2回、用土の表面が乾いたら水をたっぷり与える。成長が始まると、また一気に水分を吸って乾きやすくなるので、葉などの表向きの動きは少なくても水切れには注意したい。

施肥 こちらも上記の気温のタイミングと同様。残暑が続く場合はクリスマスローズは半休眠状態のため、肥料は与えない。9月下旬からは根が動いているかどうか確認しながら、液体肥料からまずはスタートを。焦って急ぎすぎないように注意。

病害虫 暑さ対策と、根腐れに注意。とにかく調子が悪い、いつもと様子が違うと感じたら葉の裏側や根を見てみるとよい。

地植えの場合

この時期は特にやることはない。しいていうならば、ナメクジ、ダンゴムシ対策のためにも、株元の整理を心掛ける。古い葉、花茎は取り除くようにしたい。

寒冷地・高冷地 雪国

寒い冬が来る前に、どれだけ早く作業をするか、成長をさせて、落ち着かせるかが勝負どころとなる。根と株の様子を見ながら、作業をどんどん進めたい。

9月のワンポイント

残暑が続く時期ですが、ヒガンバナの開花を目安に、秋のクリスマスローズ作業を始めましょう。日中の気温が高くても夜温が下がるようになると、根が成長を始めるので植え替え、株分けなどの作業を行うことができます。

10月

全国的にクリスマスローズにとっては作業をするベストシーズン。
根も活発に動き、花芽がないものは新葉を伸ばし始める。
植え替え、株分け、追肥と、
冬シーズンに向けての準備を始めよう。

根っこ植え替え

ひたすら植え替え

根こよし！

主な作業

植え替え

植え替えると1週間くらいで新しい根が数cm程度伸びる。今が植え替えのチャンス！ 根をしっかりとほぐしてのびのびと根を張らせよう。

追肥

できる限り早く、一回目の肥料をやるように。置き肥と液肥の両方をやってもよい。

定植や移植

庭に植えたり、植わっているものなどを移動したりするには一番よい季節。できるだけこの月に終わらせたい。

株分け

多少手荒なことをしてもリカバーをしてくれる。勇気をもって、株分けをしてみよう。

鉢植えの場合

管理場所　徐々に風通しと日当たりのよい場所へ移動して管理する。根が活発に動くので、鉢を地面に直接置くと、鉢底から地に根が張ってしまうことがある。根張り防止と通気性を兼ねて、スノコや人工芝などを鉢の下に敷き、地面から浮かせるとよい。

水やり　生育時期のため、よく乾く。週2〜3回、用土の表面が乾いたらたっぷり水を与え、水切れでしおれさせないように注意したい。

施肥　根が最も活発に成長する時期のため、緩効性固形肥料を置く。葉が成長している株などはさらに液体肥料を2週間に1回のペースで与えるとよい。

病害虫　乾燥が続くと葉裏にハダニが発生することがある。水分を嫌うので、葉裏に強く水をかけると居心地が悪くなり、いなくなる。諸々の予防のためにベニカXガード粒剤などを用土の上に乗せるとよい。

地植えの場合

何日も雨が降らないようであれば水をまく。油粕などの肥料をやるのもよい。落ち葉の代わりにマルチングなどをすることで、保湿、防草効果にもなる。

寒冷地・高冷地　雪国

平地、暖地と同じ管理をする。9月同様、寒い冬が来る前に、どれだけ早く作業をするか、成長をさせて、落ち着かせるかが勝負どころとなる。

10月のワンポイント

株分けなど、根を傷めるような作業は10月が最も適しています。極端なことをいうと植え替えの際に根の量を半分にしても、次の夏まで長い成長期間があるので、生育に影響しにくいからです。この時期に配合する用土には元肥を入れるとよいでしょう。クリスマスローズの作業において失敗を少なくできるのはこの時期です。

11月

現在進行形の生育期、株はますます活発に成長する。
植え替え、株分け、追肥と、
本格的な冬前に作業を終わらせたい。

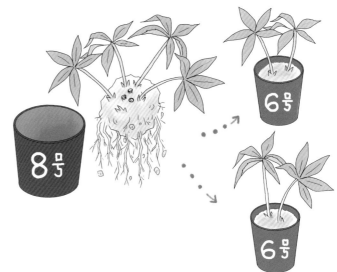

まん中が生えてこなくなってしまったドーナッツ状の株

8号

6号

6号

主な作業

植え替え

できるだけ早くやりましょう！

追肥

10月同様、置き肥、液肥を並行してやるとよい。

株分け

まだこの時期でもO.K.

古葉取り

中心部の花芽が充実してくると、徐々に葉柄が両手を広げたように倒れてくる。株元で小球根などを植えている場合は、その花たちを傷めないように古葉を必要なところだけ切り落とす。風通しも、日当たりもよくなる。

鉢植えの場合

管理場所	10月と同様に、風通しと日当たりのよい場所で管理する。
水やり	週2～3回、用土の表面が乾いたら水を与える。生育時期のため、水切れでしおれさせないように注意する。
施肥	根も葉も活発に成長する時期のため、緩効性固形肥料を置き、液体肥料を2週間に1回のペースで与える。
病害虫	特に気にならない。

地植えの場合

何日も雨が降らないようであれば水をまく。腐葉土や油かすなどの有機質肥料を適量与える。寒肥やしといわれるような堆肥を株元に敷くとよい。

寒冷地・高冷地 雪国

そろそろ本格的な冬が始まる頃。植え替えなどの作業は控え、不要な傷んだ葉などは取り除き、冬支度をする。肥料なども一旦ストップする。

11月のワンポイント

実生3年以上の開花見込み株の場合、秋に新しい葉が出ないことが理想です。しっかりとした花芽が中心部に確認できるようであれば、秋に出てくる葉は取り除き、花芽に栄養が行くようにするのが理想です。判断できず、迷ったら残しましょう。

12月

寒さが厳しくなるにつれ、成長はやや鈍化するが、花芽が徐々に充実してくる時期。
早いものは蕾をつけ、色づき始める株も現れる。
古葉の整理や株元を清潔にして開花に備えよう。

主な作業

無茎種の古葉取り

傷んで枯れた葉が目立ってくる。自然界では無茎種のほとんどは落葉性と呼んでいいほど葉が傷むもの。不要な場合は株元から5cm程残して切り落とす。

株元の整理

コケや雑草などを取り除いて清潔にする。

鉢植えの場合

| 管理場所 | 蕾をしっかりと充実させるために、よく日の当たる場所で管理する。強い寒風や霜に当たると株が傷むので、マイナス5℃以下になる場合は霜除けをするか、壁際などに移動するとよい。 |

| 水やり | 気温が低いと株の成長もゆるやかで、用土は乾きにくくなる。水やりは週1～2回、用土の表面が乾いたら軽く与える程度。寒さが厳しい早朝を避け、暖かい日中～夕方に行う。用土が凍っている時は避ける。 |

| 施肥 | ゆるやかではあるが成長しているので、様子を見ながら液体肥料を月に数回のペースで与える。あまりやらなくてもよい季節。 |

| 病害虫 | 特に目立った病害虫はない。 |

地植えの場合

水やりや肥料は、この時期は特に気にしなくてもよい。

寒冷地・高冷地　雪国

寒さが一段と増す時期。雪が降らない場合は地温の安定のために、杉の葉やベラボンなどで5cmほどマルチングをして芽を守る。新芽も動きにくくなる。

12月のワンポイント

古葉を除去することで株元によく日が当たり、地温が上がります。切ることの刺激でホルモンが働き、開花を促す効果もあるので、古葉を切ることをおすすめします。株元の風通しが悪いと灰色かび病を発症しやすいので防除にもなります。ただし、有茎種、中間種、H.ニゲル系の種間雑種は傷んだところのみ切り取ります。古葉は必ずしも全部を切る必要はありませんが、古葉は固く、縁のギザギザした部分でほかの花を傷つける可能性もあるので注意が必要です。

ふじのはるか（漫画家）
✕ 横山園芸

本書のイラストを担当してくれたふじのはるかさん（以下ハルさん）。出会いは2005年のクリスマスローズ愛好家の集まりでした。話す内容はマニアレベルの熱量、とにかくお花と猫ちゃんが大好きな漫画家さんです。お仕事の絵も植物愛にあふれ温かみがあり、やさしい印象を受け、ハルさんと何かコラボしたいなと思ったのが最初でした。

植物ラベルに写真を使わないというポリシーが自分にはあり、文字ラベルのみで流通と販売をしていましたが、育種改良を進めていたプチドールが理想形になってきた時に、このかわいいクリスマスローズにはラベルを付けたいという想いが生まれました。そんな中、かわいらしいイメージがハルさんの絵とぴったり重なり、思い切ってお願いをしたのが再開であり、横山園芸初の絵ラベル誕生でした。

ハルさんには事前に植物をお渡しし、花を育て観察するところからスタート。お礼に次なる品種や植物をプレゼントして育てていただき、またイメージを膨らませて形にしていただく流れに。その中でハルさんはYouTubeで横山園芸を代表するヨシノが株分けでしか増やせないことを知り、もう何年も楽しんだから欲しいみんなに届けてねと返してくれたり、アネモネパブニナなどは変わったお花が咲いたから品種改良に使ってもらうために戻すねと返してくれたり。独り占めするのでなく常に植物を好きな人（同志）のことを考えてくださります。それが自然と最高の循環を生み、「花つくり、ものつくり」が見事にハルさんとの共作につながっているように感じます。クリスマスローズにとどまらず植物のいろいろな面でお付き合いをさせていただいてます。

ふじのはるか　プロフィール

漫画家。東京都出身、東京都在住。1998年にメディアファクトリー漫画誌「コミックアルファ」にて『派遣社員　松島喜久治』でデビュー。著書に4コマ漫画『派遣社員　松島喜久治』『ヤング松島喜久治』『こんぺいと！』他、エッセイ漫画『今日もベランダで』『うちの老猫の言うことにゃ』『にゃんだふるライフ』がある。最新作はショートストーリー漫画『飼い猫がなつきません』全3巻。園芸愛好家。趣味が講じて、2012年から横山園芸のラベルを担当。

ふじのさんが描いた横山園芸のラベル

本来のクリスマスローズの開花時期はいつなの?
⟶ 開花調整とは

クリスマスローズは3月下旬くらいに咲くのが一般的です。寒冷地や雪深い地域では開花期は変わりますが、全国どこでも桜が咲く頃にクリスマスローズも満開を迎えるのが通常です。

しかし、流通という観点から見ると、園芸店やネット販売では1〜2月にクリスマスローズの開花株が並び、展示会やイベントもその時期に集中していることが多いようです。また近年は、もともと開花時期の早いH. ニゲルやH. ニゲル系交雑種を12月からスーパーや花屋さん、園芸店などで目にすることがあります。それでは、なぜそんなに早くクリスマスローズを咲かせることができるのでしょうか?

クリスマスローズは、暑い夏を経験した後、一定期間の寒さを感じると開花のスイッチが入ります。その後に暖かい期間を経ることで開花に至ります。つまり、「暑さ⇒寒さ⇒暖かさ」を順に経験しないと花が咲きません。園芸店に早くから並んでいるクリスマスローズの開花株は、この性質を利用して、大きな冷蔵庫や高冷地で寒さをいち早く感じさせ、その後に温室管理などで暖かさを感じさせて早く咲かせているのです。「昨年の1〜2月に花が咲いている株を買ったけれど、今年は3月まで咲かなかった」ということが起きるのは、そのためです。

標高1400mの高冷地農場 (栃木県日光市戦場ヶ原) では、日除けをしなくても鉢の中の温度が上がりすぎないため、多少の葉の傷みはあるが屋外で容易に管理ができる

11月上旬の様子。東京ではまだ霜も降りない秋の時期なのに、高冷地では−10℃近くになるため、秋を通り越して冬を早く感じている

クリスマスローズは本来落葉性の植物?
⟶ 葉の取り扱いには注意が必要

クリスマスローズの葉が夏〜秋に傷み、冬になるとすっかりと茶色く枯れてしまい、心配になる方も多いかと思います。より日が当たる場所で管理されている株は顕著に出ます。その他、原種そのものや、原種系統の交雑種などは初夏に早々に葉を落とし始める株もあります。

自生地の様子を見てみると、開花している時期に、葉が残っているのは温暖な気候で育つ有茎種や、雪の下に埋もれて保護されているH.ニゲルくらいで、

ほとんどの原種は開花が始まる時には古い葉はみな枯れて、新葉も出ていない状態で花を咲かせていることがほとんどでした。環境が厳しく自然と枯らされているのです。クリスマスローズは葉がなくなるとホルモンが働き冬と感じ、花芽を作り出したり、新葉を出そうとします。夏に傷んだ葉を切ってしまうと、暑くて休眠しているクリスマスローズが動き出し、余計な体力を使って枯れてしまうこともあるので、注意が必要です。

第 4 章

クリスマスローズ
Q&A

シーズンON
【冬〜春】

Q1 深い雪の下でも大丈夫？

A 東北地方の4〜5mも積もる雪の下でも負けずに生きています。開花はもちろん遅れますが、雪解けと同時に一気に咲いてきます。冬前に古葉を処理し、株元が腐るリスクを減らすのが得策です（p114写真参照）。

Q2 購入した株が寒さで傷んだ原因は？

A 寒さに慣れていないクリスマスローズがあることも忘れないでください。基本的には寒さには強いのですが、生産現場、売り場など寒さにまったく当たらない場所で管理されて育った株は、いきなり寒風や霜に当たると萎れて戻らなくなってしまうことがあります。購入後の数週間は徐々に寒さにならす工夫（不織布をかけたり段ボールにしまったり）をしてください。

Q3 霜が降りるような寒い日に萎れているように見えるのはなぜ？

A 凍って細胞が破裂してしまわないように、クリスマスローズ自身が根のほうに水分を移動し、わざと脱水症状になっている状態です。このタイミングで触ったり、強い風で刺激を受けたり、水をかけて急速に解凍をすると、細胞が壊れて、そのまま萎れてしまうことがあります。日が昇り自然と起き上がるのを待ってから、水やりなどをしましょう（p114写真参照）。

Q4 冬の水やりの注意点は？

A 早朝など、氷点下で凍っている時の水やりはしないようにしてください。細胞が壊れてしまいます。できれば日中の暖かい時間帯にやり、用土の水分が適度に落ち着いた状態で夜を迎えたいですが、夜から夕方しか水やりができない場合は、寒さ除けをするために玄関先にしまったり、鉢が半分くらい湿る程度に水をやるなどの工夫をしてください（p114写真参照）。

Q5 花の時期に新葉で花が埋もれて見えないのはなぜ？

A 理想の開花株は花芽だけが上がり咲かせる状態ですが、健康的に育った株でも、新葉も一緒に出てきてしまうクセを持つ株もあります。新葉のほうが花よりも成長が早いため、花芽が確認できるのであれば冬に出てくる新葉も取り除いて、花を咲かせることにエネルギーを使ってください。春に花が咲き終わる頃には、もう一度しっかりとした新葉が出てきます。

Q6 花が低く咲いてしまうのはどうして？

A クリスマスローズは地中海性気候のもとで育っている植物です。秋〜冬〜春にかけて比較的雨が多く湿度が高い状態で、雪解け水などをふんだんに吸収して一気に成長をします。太平洋側の冬は乾燥して寒風などが吹くため、背が低くなる原因となります。マルチングで保湿をしたりしてください。大切なのは肥料よりも水分です。それでも春になり温度が安定してくると、ちゃんといつもと同じくらいの背に伸びますので、焦らず管理をしてください（p114写真参照）。

Q7 花の咲き終わりはいつですか？

A 本来は雄しべが花から落ちて、色が変わってきたら咲き終わりです。しかし品種改良されたもので雄しべがないものや、色が濃い花などは見分けが難しい場合があります。花が傷み始めるのも咲き終わりのサインの一つですが、蕾が一つもなくなったら満開を過ぎたと思ってよいでしょう。クリスマスローズは実は、花が満開を迎える頃に翌年の花芽を作り始める性質があります。花をいつまでも残していると、翌年の花芽に栄養が行かないため、翌年の花が咲きにくくなる原因となります。できるだけ早く取ったほうが翌年も花が咲きやすくなります。

Q8 なぜクリスマスローズの花は咲き進むと色が変わるのですか？

A クリスマスローズの花はガクといわれる部分に色がついていて花のように見えます。そのため、咲き進んでいくと葉に戻ろうとする性質があるため、緑色に変わろうとします。しかし濃色の花は色素が多く残っているため、咲き始めと同じ色を維持することもあります。また、逆にH.ニゲルなどは赤い色素が咲き終わりに出てきたり、H.エリックスミスのようなH.ニゲル系交雑種は、交配親のH.リビダスの灰赤紫色に変化していきます（p114写真参照）。

豆知識

Q クリスマスローズは食べられますか？

A 基本的には毒草なので食べられません。食べないでください。キンポウゲ科といわれる仲間で全体的に毒があります。特に根が苦いです。唯一、シングルの花の蜜腺部分はムクドリや小動物が食べに来るほどの甘さがあり、毒素が少ないようです。

シーズンOFF
【夏～秋】

Q9 夏の暑さ対策で大切なことは?

A 近年の夏は異常な暑さで、今後も続くと考えられます。一番大切なのは根をできるだけ温めないようにすることです。外気温以上に鉢の温度が上がらないように直射日光を避けて、日除けをしっかりとしてください。湿度が多い状態で45℃を超えると極端に根が腐りやすくなり、株も傷みやすくなり、肥料成分、未完熟の堆肥などが用土に含まれると根腐れの原因にもなります。暑さに弱い気難しい品種を鉢栽培している場合は、夏だけ地面に鉢を半分くらい埋めてしまうという方法もあります。
地植えの場合は葉が多少傷みますが、根がそこまで熱くはならないので移動などせず、そのままで大丈夫です。少しでも地温を下げるためにマルチングなどをするとよいでしょう。

Q10 夏の水やりの注意点は?

A 日中にたっぷり水やりをして、お湯になってしまうことだけは避けて下さい。人間も高温のサウナには耐えられますが、熱湯には耐えられないのと同じです。クリスマスローズは太いしっかりとした根があり、多少の乾燥には耐えられるようになっているので、夕方～早朝に水をやるようにしてください。水切れで葉の色が薄く変色するようになると、葉の一部が茶色くなり枯れてしまいます。クリスマスローズも木々のように根から水分を吸って葉から蒸散して温度を下げようとしています。日中でも葉水や、表面が濡れる程度の水を与えるなどし、水切れには注意してください。

Q11 夏は半休眠時期といいますが、いつからいつまで?

A 一日の平均気温が25℃を超える日が週の半分以上になると、半休眠状態になります。地域や管理場所によっても違いますので気象庁HPの過去の気象データを参照してください（東京多摩地区はだいたい6月下旬～7月上旬）。葉が緑でキレイに残っている状態でも、新根の動きは止まり生育がストップします。北海道や標高の高い地域では成長を続ける場合があります。温度と、根、株の様子を見ながら管理をしてください。逆に東京では、お彼岸になる9月下旬くらいから気温が徐々に下がり、クリスマスローズもまた活動を開始します。アジサイが満開を迎える時期からヒガンバナが咲くまでが、植物が知らせてくるおおむねのクリスマスローズ休眠期です。

Q12
夏に葉が
傷んでしまったら
どうするの？

A 基本的には傷んでもそのままにするのがよいです。自然界では誰も取ってくれる人はいません。人的に葉を切ると冬と勘違いしてホルモンが働き、半休眠状態の夏に活動を始めて結果として枯れてしまう場合があります。どうしても気になるきれい好きな人は、傷んだ部分のみ手でちぎって根元から茎を切らないようにしてください。

Q13
原種は夏になると
すぐに葉が傷んでしまいます。
どうしたらいいですか？

A 原種のクリスマスローズは日本の暑さに慣れていない個体が多いことが、傷みやすくなる原因です。さらにH.チベタヌスのように、現地でも極端に早く葉を枯らす種類もあります。全般的に、本来は落葉性と考えても間違いではないかもしれません。原種はゆっくり生育するので、できるだけ葉を緑に保つようにしましょう。他のクリスマスローズより早めに遮光をしたり、直射日光を避けた涼しい場所で管理することをおすすめします（p114写真参照）。

Q14
引っ越しのため、
どうしても夏に株を
移動したいのですが可能？

A 理想としては、移動しないほうがよいです。どうしてもという場合は、できるだけ根を切らないように掘り上げて移動してください。植えた後に葉を半分ほどちぎって葉面積を減らして、地上部と根のバランスを取ってください。それ以前に、春に掘り上げて鉢で一時的に管理してから移動をしてあげると、よりリスクは減ります。

Q15
葉がしっかりと
展開した後の5～6月に
咲き始めた花は
どうしたらよいですか？

A まれに梅雨の涼しい時期などに花が咲いてしまう場合があります。狂い咲きといわれ、本来の時期ではないのでできるだけ早く切って取り除いてください。花の色も薄く、小さいことが多いのと、暑くなるまでに余計な体力を使わないようにするためです（p114写真参照）。

豆知識

Q 購入時と今年の花は色が違いますが、なぜ？

A ご自宅で育てて花を咲かせると、色が濃くなる傾向があります。生産者は早く花を咲かせて出荷するために、栽培温室の中の暖かい場所で育てるため、若干、色が薄くなります。また、園芸店などでも、霜よけのため室内や軒先など多少光が遮られている場所で販売されていることが多いため、ここでもまた色が薄くなる傾向があります。しっかりと寒さと光に当たり、じっくり咲くため色が濃くなります。

栽培について

Q16 植え替え、株分けをする目安は？

A とにかく迷ったら、まず根の様子を見ることです。土がさわれないほどに根が回り、詰まっている場合は植え替えが必要です。地植えのようになかなか盛り上げて見ることができない場合は、2～3年連続で花の数が少なかったり、調子が悪い状態が続いたら植え替えか株分けを。こうした状態は何らかの刺激を与えるべきサインだと思ってください。

Q18 クリスマスローズの寿命は？

A 一般的なハイブリットに関しては、寿命は限りなく長いように感じます。1970年代にイギリスで作られた品種が、今でも株分けと植え替えを繰り返して横山園芸に現存しているので、40歳以上ということになります。多肥料で過剰に生き急がされた株や、化成肥料のみで育てた株は短命に終わる傾向があるようで、育て方によっても大いに違います。開花してから7～8年（タネから10年）の株は勢いが落ちてくることが多いので、植え替えや株分けなどの刺激を与えるとよいです。逆に原種のリビダス、フェチダスなどはクリスマスローズの中では短命で、平均的には3年ぐらい生きればよしとされ、タネがたくさんできて更新をする生き残り作戦を取っているようです。

Q17 細かい葉がたくさん出ますが花が咲かないのはどうして？

A ［原因①］ 根が詰まりすぎて苦しい状態なので、大きな葉を出すことができず、小さくて細かい葉をたくさん出している状態です。すぐにでも植え替えをして根をほぐす、株分けをするなどの刺激が必要です。ちなみに、そこまで放置してしまうと原状復帰に数年間かかってしまうこともよくあります。

［原因②］ そういう性質を持っている株もあります。開花している株が質問のようになっているケースは原因①ですが、タネから育てている株、小苗で購入して育て始めた株は、葉ばかりが茂って力が分散して花が咲かない傾向があります。根の数を毎年減らすなどの対処療法が多少ありますが、あきらめるのが得策かと思います。

Q19 毎年植え替えたほうがいいですか?

A 幼少期の小苗は頻繁に植え替えをすると生育を促す傾向にあります。しかし、開花サイズの場合は根がしっかり張った状態であり、植え替えたその年よりも、やや根が詰まって落ち着いたほうが花つきもよく、しっかりとした花が咲く傾向があります。クリスマスローズはどの生育段階かにより植え替え年を変える必要があります。

Q21 他の植物との寄せ植えは可能ですか?

A 可能です。クリスマスローズどうしは喧嘩をしますが、他の植物に悪影響を与えた経験はありません。一年草や他の宿根草などとの寄せ植えもよいですが、肥料や植え替えのタイミングが合うような植物を選んで一緒に植えてください。原種シクラメンなどの小球根類、ビオラなど小さい花の一年草がおすすめです。

Q23 一年中室内で育てて、咲かせることができますか?

A 室内での栽培経験が少ないので完全なことはいえませんが、基本的には屋外で育てる植物です。室内だと日照量が少なく、軟弱に育ってしまう傾向があります。また、室内は空気の動きが少なく乾燥しているため、ダニなどの害虫、白絹病などの病気になりやすいです。さらに、一日の平均気温が10℃以下の日を1ヵ月くらい経験しないと、開花のスイッチも入りません。冷蔵庫に入れるなど、思っているよりも育てるための設備が必要になります。

Q20 クリスマスローズどうしの寄せ植えは可能?

A クリスマスローズは、近くに植えると喧嘩する傾向にあります。特に幼少期の苗などは親株の近くでたくさん発芽しますが、みな黄色くなり大きく育ちません。小苗どうしが根からアレロパシーを出して戦い、親株も同様に戦いに参戦し、結果として全体的に株が弱ってしまうことが多々あります。特に、鉢植えのような限られた空間では顕著に現れます。小苗は小さいポットに個別に植えて、地面に植える開花株などは最低でも握りこぶし2つ分(20〜30cm)は離して植えるようにしてください。

Q22 植え替えのコツは?

A まず事前準備として、ある程度用土を乾かしておきます。乾いてから木槌やゴムハンマーでたたくと根がほぐれやすくなり、根を切らずに植え替えができます。クリスマスローズの根は非常に強いので、つぼ型の鉢に植えると抜けなくなります。鉢選びには注意してください。

豆知識

Q どうして下向きに咲く花が多いの?

A クリスマスローズは、どんなに寒くても、雨や雪が降っても花を閉じることをしない植物です。中心部にある雄しべと雌しべを守るため、風に揺られただけでも受粉ができるように、本来は下向きに咲くのが特性です。また、花の背中で日を受けると花の中が暖かくなり、虫が寄ってきやすくなって花粉を運んでもらう効果もあるようです。

Q24
古い葉を
切る位置は？

A 葉の茎、花の茎などは地際（株元）から最低でも5cmくらいを残した上で切ることをおすすめします。茎を極端に短く切ると、切り口から病気になることもあります。切り残しの枝が湿度を持ち、腐りはじめ、灰色かび病の原因にもなります。少し切り枝が気になりますが、1～2ヵ月もすると自然と枯れ枝になり、手でも取れるようになります。本格的な冬が来る前に葉が開いてきたら、12月頃に古葉を取って開花を促しましょう。この時期は葉が広がる付け根部分をつまんで上に持ち上げると、ハサミを使わなくても取れます。また、葉の茎も枝分かれしている節の部分は折れやすいので、手で切ることを試してみてください。

Q25
クリスマスローズは
化成肥料と有機肥料
どちらが必要？

A 庭植え、地植えの場合は絶対に有機性の肥料が好ましく、腐葉土や油粕などの植物性堆肥をおすすめします。じっくりゆっくり育て、微量要素がたくさん含まれる肥料のほうが長生きして、いやち（忌地）、いわゆる「連作障害」を起こしにくい土壌になります。逆に、鉢栽培の場合は緩効性の化成肥料を中心に使い、少量の有機肥料で育てることをおすすめします。鉢は限られた空間なので、よい菌も悪い菌も一気に広がってしまう可能性があります。適量を心がけると失敗が減ります。

Q26
たくさん花を
咲かせるコツは？

A まずはしっかりと肥料を与えること。次に、花をできるだけ早く取ることです。横山園芸では、タネを採らない株は満開を迎える前に切ってしまったり、展示会から帰ってきた株などはできるだけすぐに丸坊主にして、新葉の成長を促します。

Q27
横山園芸の
クリスマスローズ
必須道具は？

A ＜植え替えする時＞　ゴム槌、根かき3本フォーク、ピンセット大小、ハサミ大小、ノコギリ。
＜交配とタネ採りする時＞　メモ帳、タグシール、鉛筆、ホチキス、茶こし袋（p114写真参照）。

豆知識

Q どうして
クリスマスに咲かず、
バラでもないのに
クリスマスローズなの？

A 名前の由来はドイツの言い伝えにあります。たまたまクリスマスの時期に、道ばたに咲いていた白い花の原種H.ニゲルを教会に供え、それがまるで冬に咲くバラのような美しさだったことから、クリスマスローズと呼ばれるようになりました。

切花で長く楽しむ
コツは？

成熟しきった花を使う

クリスマスローズの若い花柄は水あげしにくい。切花にする時は、第一花の雄しべと蜜腺が完全に散り落ち、第二花の雄しべが散り始めたものを使うとよい。

切り口をかつらむきにする

株から切り取った花柄は、すぐに切り口から2cmくらいの皮を清潔なナイフでむいておくと、水あげしやすくなる。水に浸けながら行うと、より効果的。

湯上げする

かつらむきが終わったら、細長い容器に40℃の湯と切花栄養剤を入れ、花柄を深く浸ける。湯が自然に冷めるまで、そのまま置いておく。

花柄を水に深く生け込む

クリスマスローズはできるだけ深く生け込むことが肝心。そのためにも、花柄全体が水に浸かるサイズの花瓶を用意しておきたい。切花栄養剤も忘れずに。

毎日切り詰める

花柄の切り口をできるだけ毎日1cmくらい切り詰めると、水あげする力が更新されて長持ちする。水を取り替える際に、合わせて作業するとよい。

浮き花にする

毎日切り詰めながら、最後は花首だけ残すように短く切り、水盤に浮かべて楽しもう。クリスマスローズの切花アレンジでは、浮き花が最も長持ちする。

113

Q1　雪を解かすH.チベタヌス

Q3　強い霜に当たっている状態。解けるまで触らないように

Q4　左／凍っている状態　右／解凍された状態

Q6　背が低い状態で咲き始める

Q8　左／満開時の花色　右／咲き終わりは緑色に

Q13　左／暑さで葉が傷んだ様子　右／葉が傷んでいる原種系（左ベンチ）と葉が元気なハイブリット（右ベンチ）。同じ場所で管理しても違いが出る

Q15　季節外れに咲いた勢いのない花

Q27　横山園芸の必須道具

第 5 章

花姿ギャラリー

鞆岡隆史が撮る
クリスマスローズ・
フラワーデザイナーたちの
クリスマスローズアレンジメント

クリスマスローズの
多彩な花姿

クリスマスローズの花は色や形、模様などの組み合わせで多種多様な花姿が生まれ、その数は無限大で、まったく同じ花はないといっても過言ではありません。その理由は、H.オリエンタリスを中心に、数多くの原種が交配されて生まれた園芸植物だからです。タネをまいて花を咲かせると必ずといっていいほど変異が出ます。肥培管理や栽培方法、生育場所の環境によっても、微妙に色合いや大きさ、質感が変化します。また、セミダブルで咲いたとしても蜜腺は数日で散り、シングルになってしまうなど、まさにクリスマスローズは一期一会の花といえます。

一方で、種苗会社の（株）ミヨシより、メリクロン苗というラベル通りの安定した花が咲く苗も流通しています。クローンと聞くと敬遠される人もいるようですが、キレイで特徴的で、丈夫で育ちが早いしっかりとした株を元に増やしているので、実生苗と何ら変わらず栽培することができ、よい品種なので流通に至っています。

では、誰がどのように花のよしあしを決めているのでしょうか？ その問いに対する答えはありません。あくまで個人の主観、好み、経験がすべてです。僕自身は、誰が見ても"整っている""キレイ"と感じる、安定的で普遍的な美しさを持つ花が好きです。シングルならば、5枚の花弁がほぼ規則的に同じ形、色、模様をしているものはレベルが高いと感じます。ダブルも同様に、内側の花弁の重なり、模様が規則的になっていればいるほどレベルが高いと感じます。

近年は、実に多種多様なクリスマスローズが手軽に楽しめるようになりました。クリスマスローズが広く普及したおかげで、多くの参考書が出版され、たくさんの人がSNS発信をするなどして、誰でも簡単にタネから花を咲かせ情報発信できる時代にもなりました。自分で栽培し、咲かせた花もまた格別なものです。人の意見に惑わされず、自分がよいと思った花を育てるのが一番です。店頭やイベントで売られている花は、生産者や園芸店の方の想いが詰まっている花に違いありません。クリスマスローズとの出会いは、人との出会いとよく似ていると思います。それぞれに好みがあって当たり前。お気に入りの花を手に、クリスマスローズ談義に花を咲かせて欲しいと思います。

ふじのさんが描いた横山園芸のクリスマスローズラベル

鞆岡隆史が撮る
クリスマスローズ

鞆岡隆史
✕ 横山園芸

出会いは2008年のクリスマス。華やかな装飾で彩られた表参道の街中で、ふと目に止まった小さなギャラリー。そこに飾られたボタニカルアートの水彩画のような数々の花写真。思わずギャラリーに飛び込み、その作品にしばらく魅入ってしまったのでした。それがフォトグラファー鞆岡隆史氏との出会いでした。「植物と空間のみの構成という極力簡素な絵の中に、植物の美しさを感じ、まるで絵画のように表現する」というのが彼のコンセプト。まっ白な部屋に植物を連れ込み、一切の加工処理をせずに作り出された世界観は、植物写真を芸術に昇華させています。植物が好きなもの同士、初めて会った瞬間から意気投合し、僕の花を元に作品づくりをしてくださいました。自分の育て上げた花たちが鞆岡さんの手によって、永遠に作品となって残ることは何よりもうれしいことでした。ニューヨークで個展を開くなど、ずいぶんと"雲の上の存在"になってしまいましたが、今でもふらっと温室に現れ、我が家の植物たちを見て、芸術談義をするのは変わりません。植物を通じた人との出会いに本当に感謝しています。

鞆岡 隆史　プロフィール

京都府出身、東京都在住。山下順にコマーシャルフォト、小西裕典に古典技法を師事。株式会社ロクナナに所属し、作家活動のほか、国内外への撮影取材、建築物、スタジオ撮影やイベント講演を活動の場とする。
【作品展示】New York ippodo gallery（ニューヨーク）、誉田屋源兵衛「云兆展」（京都）、Pacific Asia Museum（ロサンゼルス）、Long Island Easthampton「White Night」（ニューヨーク）など
【コレクション】サンディエゴ写真美術館／イェール大学 アートギャラリー／ Pacific Asia Museum 他

フラワーデザイナーたちの
クリスマスローズアレンジメント

荒木聡

フラワーショップ花武（千葉）

大久保洋行

ピクシーフラワー（神奈川）

加納佐和子

フローリストカノシェ（東京）

小林久男

フラワーショップこばやし（大阪）

平光繁仁

ロト フラワーズ プランツ（広島）

深野俊幸

カントリーハーベスト（東京）

藤野幸信

フルールトレモロ（広島）

山本雅子

保のか（山口）

横山恵美

カリアン（東京）

吉原大五郎

花屋利平（新潟）

お花の楽しみ方は無限大！
夜のお花見 Instagram 企画
クリスマスローズナイト

　クリスマスローズは寒くても、雨や雪、霜が降っても、そして夜でも閉じることなく咲き続けます。もちろん生き生きとした日中に楽しむのが一番ですが、日中は忙しい方でも夜に帰宅したときに出迎えてくれる「かけがえのない花」です。

　夜中に温室でヘッドライトをつけて作業をしているとき、クリスマスローズがライトの光に照らされて主張し話しかけてくれているかのように感じた日がありました。

　寒い冬の夜に花を楽しむことはなかなかありま

せんが、これはクリスマスローズが大好きな方々に共有したいと思い、始まった横山園芸のInstagram企画です。

　夜に写真を撮るというのは難しいことではありますが、伝えたかったのは「夜の表情も見て向き合って会話をしてあげてね」という想いでした。意外な発見もあり、おもしろいものです。皆さんも楽しんでいただければ幸いです。

横山園芸
所蔵コレクション

1

2

3

1 ロイヤルコペンハーゲンのティーカップセット（デンマーク／ 1960 ～ 70 年／陶器）
2 ティーカップセット（イギリス／ 1970 年代／ Royal Albert ／磁器）
3 ミルクカップ（イタリア／ 1980 年代／磁器）

4

5

6

4 ロイヤルコペンハーゲンのイヤープレート（デンマーク／ 1913年）
5 お皿（日本／ 2008年／有田焼・辻修窯／陶器）
6 おぼん（スイス／ 1990年代／ Mona Svärs ／プラスチック製）

7

8

9

10

7 モアークラフトの花瓶（イギリス／ 1998年／陶器）
8 ボヘミアン花瓶（チェコ／ 1980年代／ガラス）
9 クッション（国名、年代不明／刺繍）
10 やかん（イギリス／ 1990年代／ Portmeirion ／ホーロー）

11

12

13

14

11 ペイントエッグ（イギリス／年代不明／油絵）
12 コサージュ（日本／ 2016年／ Luna 吉野克恵／和紙）
13 ブローチ（オーストリア／年代不明／ Swarovski）
14 イヤリング（日本／年代不明／作家不明）

横山園芸と
クリスマスローズ

　本書を最後まで読んでいただきありがとうございました。終わりにクリスマスローズとともに歩んできた横山園芸の歴史を少しご紹介します。

　横山家は代々続く野菜農家でしたが、花が好きであった父・暁は一念発起し、1978年に横山園芸として花生産を始めました。種苗会社からさまざまな植物の試作栽培を委託される中、父はクリスマスローズに注目しました。当時は華やかな色の花が人気だったため、母には「こんな地味な花、本当に売れるの？」と何度も心配されたそうです。確かに1970年代のクリスマスローズは、ほとんどがくすんだ赤紫色かクリーム色。しかも下向きで形も整っていませんでした。それでも父はクリスマスローズに何か感じるものがあったのでしょう。「和の風情もあり、造園材料としても使える」「暖房も消毒も不要で丈夫だ」「競争相手の少ない冬に咲く」と、母の反対を押し切って根気強く育て続けたようです。

　転機が訪れたのは1994年。父はクリスマスローズの栽培が盛んなイギリスへ行き、その研究や育種をリードする人々を訪ね、当時の日本にはありえない"夢のような輝きを放つクリスマスローズたち"と出会うのでした。さっそく気になった株を購入し、日本に持ち帰り、増殖を始めました。豪華できれいなクリスマスローズはもちろんですが、それ以上に父を魅了したのが原種のクリスマ

スローズでした。地味で育てにくいにも関わらず、これまた根気よく育て続けました。今ではすっかり原種の虜になっている僕ですが、当時は「親父、また売れない花で冷や飯を食うつもりか!?」と、母親同様に感じていました。原点ルーツを大切にする両親は、その後20年近く毎年のようにイギリスや自生地である東欧にも足を運ぶほどの熱狂ぶりで微笑ましいかぎりでした。

　僕にとっての転機は1999年〜2001年のイギリス研修留学です。当時、クリスマスローズの栽培で世界的に注目されていたAshwood Nurseryで学ぶチャンスを父が与えてくれたのです。それまで育種（品種改良）どころか花の勉強などほとんどしてこなかった自分に、社長であるジョン・マセイ氏が楽しみ方から、植物の全てのノウハウを包み隠さず教えてくれました。

多くの時間を実際の現場で、ジョンと二人三脚で仕事をしながら、まさに「習うより慣れろ」でガーデニングまでさまざまなことを学ばせてもらいました。3年目のシーズンには自分でクリスマスローズの交配をし、そのタネを日本に送り、父が日本でタネまきをするという、これもまた二人三脚の始まりでした。

素晴らしい花、人、文化に囲まれ、夢のような楽しい日々を過ごしていく中、「自分にできることは何だろうか、自分らしさ、日本人らしさって何だろうか!?」と、自問自答するようになりました。恩師ジョンは「ヒントは必ず自然の中にある」といって、僕をヨーロッパの山(自生地)に連れ出してくれました。見たことのない花や生育環境はもちろんですが、力強く生きているその意味ある姿に新しい発見の数々がありました。植物を違った角度から見ることの大切さを教えられた瞬間でした。アッシュウッドにはあらゆる原種のクリスマスローズが揃っており、その原種の一部を使って全く新しい品種を生み出していました。コレクションのレベルや視察に行く頻度は違うものの、父も近いことをしているな、と感じたものでした。「焦らずじっくり考え、我慢ができ、植物に対してやさしい気持ちを持っているよ、直樹の父は」と恩師ジョンが、最後にいってくれたのが印象的でした。遠い国の人でも父の人柄を見抜いていたようです。アグレッシブな自分は父と性格が真逆と思っていますが、忘れてはいけない部分だと今でも心に刻んでいます。

「父がクリスマスローズの栽培をあきらめなかったこと」、「誰にも見向きもされなかった原種を懲りずに集めていたこと」が、現在の横山園芸の礎となっています。そのおかげであらゆる交配に挑戦をして、新しい品種を生み出し、日本ならではともいえる品種をイギリスで発表するまでになりました。植物にも人にも巡り合わせてくれた父に「ありがとう」。そして、その父を支え続けた母にも「ありがとう」。花の世界に目覚めさせてくれたジョンに「ありがとう」。そして何よりもクリスマスローズに「ありがとう」。植物は手をかけた分だけ応えてくれ、僕をさまざまな面で成長させてくれました。まだまだ底知れぬ可能性を秘めたクリスマスローズ。最近感じるのは、僕ら人間は植物を品種改良して発展させ広めようとしていますが、実は自然界の生存競争で生き残ろうと僕らを使って進化しているのかなと思うようになりました。ここ数年でも気候変動が著しく、植物を栽培する環境も刻々と変わってきています。そんな中でも、焦らず、時代、環境、植物とじっくりと付き合っていきたいと思います。みんなで一緒に、お花で笑顔を生み出しましょう。

「お花よろこぶチカラコブ」。

クリスマスローズと出会える
全国各地の公園

　多くの地域でしっかりとクリスマスローズが育つことを証明したいという想いで、著者である横山が全国を駆け巡り植栽のお手伝いとアドバイスをしてきました。北は北海道から南は九州まで、横山が訪ねていない場所でも、まだまだクリスマスローズが植えられている公園が多くあります。残念ながら沖縄県では、海洋博公園にある熱帯ドリームセンターで栽培試験をしていただきましたが、株は成長するものの低温に当たらないため開花しないということがわかりました。

　全国各地でクリスマスローズが楽しめる場所が増えてきています。ぜひお近くの公園などに足を運び、クリスマスローズが育つ姿を見守っていただければ幸いです。

[北海道札幌市]
国営滝野すずらん丘陵公園

[秋田県秋田市]
クリスマスローズの里（珠林寺境内）

[宮城県柴田郡川崎町]
国営みちのく杜の湖畔公園

[新潟県長岡市]
国営越後丘陵公園

[群馬県吾妻郡中之条町]
中之条ガーデンズ

[茨城県水戸市]
水戸市植物公園

[埼玉県比企郡滑川町]
国営武蔵丘陵森林公園

[埼玉県秩父市]
秩父こもれびの庭（羊山公園内）

[東京都立川市]
国営昭和記念公園

[千葉県八千代市]
京成バラ園

[神奈川県川崎市]
季の庭（とき）

[神奈川県横浜市]
横浜イングリッシュガーデン

[神奈川県平塚市]
花菜（かな）ガーデン

[静岡県浜松市]
浜名湖ガーデンパーク

[長野県茅野市]
蓼科高原バラクライングリッシュガーデン

[長野県北安曇郡白馬村]
白馬五竜高山植物園

[滋賀県草津市]
草津市立水生植物公園 みずの森

[兵庫県神戸市]
六甲高山植物園

[岡山県岡山市]
岡山市半田山植物園

[鳥取県西伯郡南部町]
とっとり花回廊

[鳥取県米子市]
医療法人面谷内科・循環器内科クリニック
（P4－5、P10　写真：鶴岡思帆）

[福岡県福岡市]
福岡市植物園

［長野県］
白馬五竜高山植物園

〔神奈川県〕
花菜ガーデン

〔東京都〕
国営昭和記念公園

〔長野県〕
蓼科高原バラクラ　イングリッシュガーデン

〔宮城県〕
国営みちのく杜の湖畔公園

〔秋田県〕
クリスマスローズの里

〔滋賀県〕
草津市立水生植物公園　みずの森

〔埼玉県〕
秩父こもれびの庭

〔兵庫県〕
六甲高山植物園

143

著者プロフィール

横山直樹（よこやまなおき）

横山園芸・代表。1978年生まれ。全国各地で講演会を行うほか、NHK「趣味の園芸」講師、英国シクラメン協会日本支部代表、などの活動を通じ『お花よろこぶチカラコブ』をキャッチフレーズに植物の楽しさや魅力を伝える。趣味は登山や植物散策、花と全身で戯れることなど、植物に関わる全てのことから感性を磨く。【お花は必需品】をモットーに植物で人を笑顔にすることがライフワーク。

スタッフ

イラスト　ふじのはるか
写　　真　牛尾幹太・岡本譲治・佐山雅恵・鶴岡思帆・（株）ミヨシ
協　　力　中村桂祐・横山暁
デザイン　中澤明子
Ｄ　Ｔ　Ｐ　中家篤志（プラスアルファ）
編　　集　高山玲子・御園英伸（誠文堂新光社）

＊ 本書は、2015年11月に刊行した横山直樹著「ガーデンライフシリーズ『クリスマスローズ』」の内容を見直し、加筆・修正を加え再編集し、新版化した書籍です。

ガーデンライフシリーズ

この一冊を読めば原種、交雑種、栽培などすべてがわかる

新版 クリスマスローズ

2023 年 11 月 10 日　発　行	NDC620
2024 年　2 月 20 日　第 3 刷	

著　　　者　横山直樹
発　行　者　小川雄一
発　行　所　株式会社 誠文堂新光社
　　　　　　〒113-0033 東京都文京区本郷 3-3-11
　　　　　　電話 03-5800-5780
　　　　　　https://www.seibundo-shinkosha.net/
印刷・製本　図書印刷 株式会社

©Naoki Yokoyama.2023　　　　　　　　　　Printed in Japan

ISBN978-4-416-62310-7